P Plan

PDCAを回して結果を出す!

A Action

Instagram

D Do

集客・運用
マニュアル

C Check

田中 紗代
Tanaka Sayo

つた書房

■ はじめに

　Instagramと聞いて多くの方がイメージするもの、それは「映え」写真を投稿していく若い女性のメディア。「インスタグラマー」になることでビジネスにつなげていく、漠然とそんなイメージを持っていませんか？

　もし、インスタグラマーになって集客をすることを目的として本書を手に取られたなら、残念ながらお力になれません。数十万人獲得するようなフォロワーの増やし方はまったくお伝えしませんし、アフィリエイト案件の獲得の仕方もお伝えしません。

　では、一体何を本書で得られるのかというと、それはただ1つだけ！

　「Instagram後発組であっても自社商品にどんどん集客をする方法」です。

　もし今
　「なるべくお金をかけずに集客をしたい」
　「自分の商品にぴったりなお客さまに集まって欲しい」
　「長く買い続けてくれる、理想的な顧客が欲しい」
　「ファンになった顧客が自然と口コミをしてくれるようになって欲しい」
　「毎月安定的に集客したい」
　「シンプルな方法で最大の集客力を手に入れたい」
　しかも
　「なるべく早く」
　そう考えている方には、どのInstagramマーケティングの本よりも、本書がお役に立てるかと思います。

　そうは言っても、Instagram集客ってもうオワコンって聞いたよ？

今は企業やクリエイターがどんどん参入しているって聞いたから、もう後発組は前ほど集客できないでしょう？

　そう思われた方へ、大丈夫です。確かにInstagramは日本に上陸してから10年経ち、ひと頃のようなブームは過ぎ去ったかのように見えます。

　ですが、実はいまだに右肩上がりにユーザーが増え続け、しかも驚くことにほとんどのユーザーが「毎日必ず」インスタグラムを開いて、情報を探し、友達と会話を楽しみ、動画や画像のコンテンツを楽しみ、そしてInstagramの中から買い物をするライフスタイルを送っています。

　以前の「おしゃれな人が自分をアピールするために使う」メディアから「普通の人たちが当たり前に毎日楽しむ」メディアに変わってきました。

　そう、彼らは「Instagramの中で生活をしている」のです。テレビを見るよりInstagramを開く。Google検索よりもInstagram検索。YouTubeよりもInstagramリール。

　生活のあらゆることがInstagramの中で完結しています。

　そんなInstagramユーザーの方に、私たちの商品を届けたいと思ったら、答えは簡単です。私たちもInstagramの住人になって情報を届けていけばよいのです。

C O N T E N T S

集客するならInstagramが最適な理由

押さえておきたいInstagramの基礎知識

CHAPTER-3 Instagramのアカウントを作成しよう

CONTENTS

5

運用前にやっておくべき Instagramの設定

CHAPTER 7 Instagramに投稿した記事の分析と改善

CHAPTER 8 押さえておきたい集客に役立つInstagramの機能

本書をお読みいただく上での注意点

●本書に記載した会社名、製品名などは各社の商号、商標、または登録商標です。

●本書で紹介しているアプリケーション、サービスの内容、価格表記については、2024年4月22日時点での内容になります。

●これらの情報については、予告なく変更される可能性がありますので、あらかじめご了承ください。

読者特典

本書の中でお伝えしている中で、ご自身で用意する事が難しい3点の資料をプレゼントさせていただきます。ぜひ運用にお役立てください。

特典❶

アカウントリサーチ分析シート（Excel）

特典❷

業種別 活用方法&リッチメニュー参考例

特典❸

配信に役立つ! 年間イベントカレンダー

田中紗代のメールマガジン・LINEへのご登録でプレゼントしております。 こちらのQRコードよりお受け取りください。

※直接ブラウザに入力する際にはこちらのURLをご入力ください。
**https://39auto.biz/sayotanaka/registp/
InstagramPDCA.htm**

私のメールマガジンでは、起業家や経営者の方が疲弊する事なくフローに乗って結果を出す考え方やノウハウを不定期で配信しています。
ぜひご自身のビジネスにお役立ていただけると幸いです。
登録後はいつでも配信解除できます。

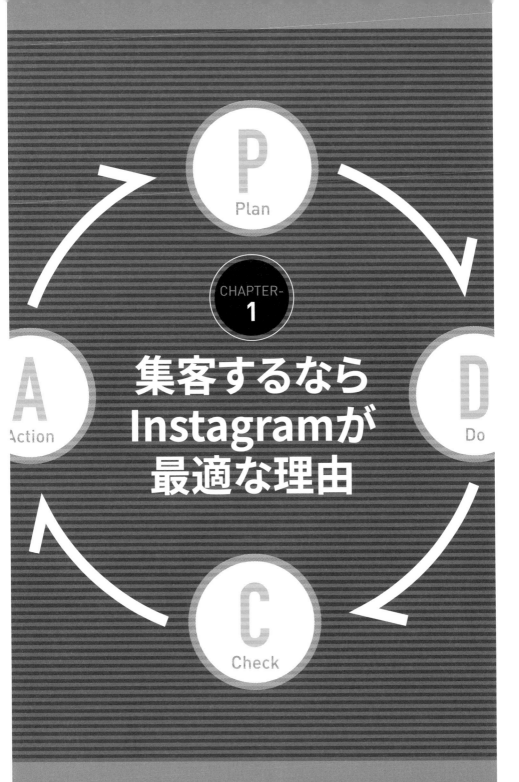

CHAPTER-1

集客するなら
Instagramが
最適な理由

Instagram集客が
おススメな理由

1

SECTION 01

Instagramは日本に上陸して10年、決して新しいメディアではないのに、なぜ今でもInstagram集客が求められているのか？　その理由についてお伝えします。

実は少ないフォロワー数でも集客ができる！

　本書では「インフルエンサーになる必要はない」ということをお伝えしています。一般的に、インフルエンサーと言えば数万から数十万のフォロワーがいるというイメージがありますね。

　しかし、「集客」においては、数万人のフォロワーがいなくても問題ありません。ビジネスの規模によりますが、数百人のフォロワーからでも、安定的に集客につながる堅実な方法があるのです。

　その方法とは、既存のInstagram攻略の常識である「フォロワー数が伸びるアカウント設計」をするのではなく「集客できるアカウント設計」をすることなのです。この設計の違いを理解することに、集客できるかできないかの鍵があります。

　では、集客できるアカウント設計とは何かというと、最初の設計段階から自社商品と相性のよい顧客だけを厳選し「買ってくれる可能性の高い」フォロワーを確実に集めてくるという考え方です。

　それに対して、まずフォロワーを集めてから、販売はその後と考えるのが「フォロワー数が伸びるアカウント設計」です。そうすると、自社の商品に興味を持ってもらえるかは「賭け」のような状態になります。インスタグラム上でセールスをしたことで一気にフォロワーが激減したインスタグラマーを、今まで何人も見てきました。

フォロワーを集める段階から「買ってくれる人だけ」をInstagram
のアルゴリズムにのせて集める設計をすることが重要です。それこそ
が、本当にどんどん集客ができるInstagram集客メソッドなのです。

Instagram集客実践の流れ

　本書では8つのステップに分けてInstagram運営方法をナビゲートし
ていきます。Instagramを初めてスタートする初心者の方でも、本書
の通りに順番に行動すれば、集客ができるInstagramアカウントを育
てることができるでしょう。

■ ステップ1

　このCHAPTER-1でInstagramの特徴、価値、Instagramが得意な集
客、苦手な集客を学びます。
　ご自身のビジネスモデルでは、そもそもInstagramで集客すること
がベストなのか、CHAPTER-1で見極めてください。

■ ステップ2

　CHAPTER-2では、Instagramの機能について解説をします。全てを
完璧に覚える必要はありませんので、辞書のように必要な時に戻って
読む、という形でご利用ください。

■ ステップ3

　CHAPTER-3では、アカウントの初期設定を行います。重要な設定も
ありますので、すでに運用をスタートされている方も必ず一度は目を
通してください。

■ ステップ4

　CHAPTER-4では、集客できるアカウントの土台の設計を行います。

集客できるアカウントにする上で、非常に重要なCHAPTERとなります。CHAPTER-5以降の土台となりますので必ず読んで実践ください。

■ ステップ5

CHAPTER-5では、KGI（最も重要な指標）とKPI（目標達成のための指標）を設定します。Instagramのアルゴリズムについても詳しく解説しています。

■ ステップ6

CHAPTER-6では、CHAPTER-5で設定した目標値に向けて、実際に運用していく時に必要な、記事制作や運用の手法を学べます。集客とアルゴリズム両面から、何を書いたらよいのか、どんなコミュニケーションを取ったらよいのか、一つ一つ読みながら実践ください。

■ ステップ7

CHAPTER-7では、運用をスタートした後の分析と改善について学べます。もし今、頑張って投稿しているのに、思うようにアカウントが育っていない方は、このCHAPTER-7をよく読んでお役立てください。

■ ステップ8

CHAPTER-8では、知っているとさらに集客力がアップするInstagramの役立つ機能や、裏技について解説しています。一通り実践している方は、CHAPTER-8の内容を取り入れることでさらに強いアカウントを手に入れることができます。

Instagramから累計2億円の売上

私は現在「人生を変えるビジネスコーチ」として、起業されている方に向けて、疲弊せずに結果が出るマーケティングを教えています。

おかげさまで運営する講座は受講生が常に100名を超え、延べ受講人数は6000名を越えました。多くの方がインスタグラムを活かしたビジネスで「人生が変わる」体験をしています。

　私自身が初めて集客をスタートしたのは今から16年前。当時SNSのはしりとして人気だった「mixi」の中で、自分のスクールに生徒を集めるところからスタートしました。そこからブログ、Facebook、X、YouTube、Instagram、clubhouse、noteやメルマガ、LINEとさまざまなメディアで発信を続け、フォロワー総数は13万人を超えています。

　現在ではSNSマーケティングの専門家として、さまざまな経営者コミュニティで、セミナーや講演活動をしています。

　その中で今、最も結果につながっている集客メディアこそ、本書のテーマであるInstagram集客なのです。約8年前からInstagramで発信を始め、これまで7個のアカウントを運用し講座や商材を販売してきました。その結果、Instagramからは累計で2億円以上の売上を上げてきています。この実績からもインスタグラムは一番集客におすすめできるメディアなのです。

　一般的には「Instagramはブランディング用のメディアだから商品は売れない」「Instagramから安いものは売れるけど高額商品は売れない」という声をよく聞きます。

　ですが弊社はInstagramでほぼ毎月キャンペーンを行い、安いものであれば1000円から、高額なものであれば100万円を超える商品も、Instagramで集めてZOOMで個別相談という導線で売れています。集客導線を整え、Instagram内の機能を上手に活用することで、多くの方に向けて販売することも、高額な商品を販売することも十分にできるメディアなのです。

　本書でお伝えするメソッドは、実際に私の会社が運営する講座の中で、すでに400名以上の方が実践され、集客につながっている実績のある内容をまとめています。実践された方の実績を一部ですがご紹介します。

【オンラインサロンを運営・芳賀早苗さんの事例】
サロンを経営する女性個人事業主のためのオンラインサロンを運営され、Instagramから販売開始と共に満席になりました。

【金ごま・米・梨を販売・農家まっちゃんの事例】
Instagramから金ごまや米などの農作物をオンラインショップで販売。運用開始3ヶ月で過去最高売上を達成しました。

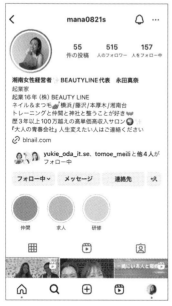

【サロン求人用アカウントを運営・永田真奈さんの事例】
集客目的ではなく、会社の求人目的でInstagramを運用。会社の文化に共感する人からの応募が集まるアカウントに成長しました。

他にも多くの集客成功の声が届いています。

- サロン経営をされている方が、実践1ヶ月で予約が満席に。
- フォロワー900名のアカウントでInstagramから講座を販売し、1回のキャンペーンで400万円を超える売上達成。
- Instagramライブで商品を販売し、1回のライブで120万円の商品を3件販売達成。
- 初めてのセミナー集客で、Instagramから20名集客成功。
- 実践半年で、過去最高月商の6倍を達成。
- 美容商材メーカーがコロナ禍で展示会が開催できなかった時期、オンライン展示会をInstagram上で開催し、リアル展示会と同じ売上を達成。

全ての事例において、才能のあるクリエイターやデザイナー、マーケッターが実践したわけではなく、まったくのSNS素人の、小さなビジネスの経営者やスタッフの方が、自らInstagramを運営して得られた結果です。

Instagramを学んだのに集客ができない理由

さて、これほどInstagramが集客におすすめな理由がたくさんありますが、やってみたけどうまくいかなかったよ、という声もたくさん聞かれます。

すでにInstagramの本を読んで熱心に勉強して、運用をしている。それなのに思うようにアカウントが育たない……。または、フォロワーは増えてきたのにまったく売上にはつながっていない。そんな方もいらっしゃると思います。

私も過去400名以上のInstagram集客をサポートさせていただきましたが、行動力があって勉強熱心な方ほど、運用がうまくいっていない

残念なパターンを多く見てきました。

　なぜ勉強してもうまくいかないのか。それは、Instagramにおいて、フォロワーを増やすために実践することと、集客のために実践することがまったく違うからです。その違いを知らないまま、ずれた行動を頑張ることで、全く売上につながらない結果になるのです。

　勉強熱心な方はたくさんの情報を学びにいきます。Instagram攻略YouTubeを見たり、本を買って勉強したり、中には高額な講座に入学された方もいると思います。
　そんな学びを続けた結果、講座Aで言われている情報と、講座Bで言われている情報の矛盾が出てきて、結局何が正解なのか、わからなくなってしまっていませんか？

　行動力がある方がよく陥ってしまう失敗パターンでもあります。アカウントを作ってどんどんコンテンツを配信して、リールも作って、色んな人にコメントして、フォローして……。行動量だけは素晴らしいのですが、そんな運用を続けても一向に「いいね」は増えない、「リーチ」も増えない、小さなバズ（拡散されること）すら起こらない、労力と結果が見合わなくて、だんだん心が折れてしまったりしてはいませんか？
　過去の私がまさにこのパターンでした。頑張ってフォロワーが30人増えたと思ったら、数日後には35人減っている……。段々と「私は求められていないのかも」なんて、自信も失っていきました。

　なぜ行動してもアカウントが伸びなかったのか？　それは「Instagramのアルゴリズム」を理解していなかったことが原因です。よかれと思ってとった行動が、Instagramのアルゴリズム的には逆効果で、どんどん自分のアカウントが「育たなくなる」行動を、自分で選んでしま

っていたのです。

　そんな失敗をしない為に、まず本書では「伸びるアカウントにする
ためのアルゴリズムの理解」と共に「人が自然と集まる集客の導線作
り」を統合したメソッドをお伝えしていきます。

Instagram集客は初心者に優しい

SECTION 02

起業初期の方やマーケティング初心者の方にとって、Instagramはもっとも手軽に使えて、しかも結果に早くつながる集客メディアとしておすすめです。

アカウントの開設が簡単

Instagramは、アカウント作成が非常にシンプルで、実際に集客をスタートするまでの初期設定が最短5分で完了します。最初に設定するプロフィールも1つの画面で完了するので、ビジネス初心者やSNS集客が初めての方にとって、ハードルが低く、早く楽にスタートできるメディアになります。

パソコン不要、スマホ一台あれば集客できる

Instagramは元々スマホで完結することをベースに開発されているので、パソコンがなくても集客に必要とされる全ての機能を、スマホ1台で実践することができます。パソコンからも操作できますが、ストーリーズなどの一部機能は基本的にはスマホからしか操作ができないものもありますので、メインはスマホからの利用がおすすめです。

つながり合える仕組みがすでにできている

Instagramの基本機能の中にストーリーズやDM、ハイライト、シェアやコメント、ライブ機能などの「つながり合うことを推奨する機能」が多数用意されています。そして、交流を繰り返すことで自然とユーザーとの信頼関係を築け、ユーザーが「あなたのファン」になりやす

いため、こちらからセールスをしなくても集客できる状態を構築できるのです。

集客の結果が出るのが早く運用1ヶ月からでも集客できる

　Instagram集客は、集客の結果が出るのが非常に早いのも特徴の1つです。集客に活用できる無料メディアは数多くありますが、大きく分けると「ストック型」と言われるメディアと「フロー型」と言われるメディアの2つに分類されます。

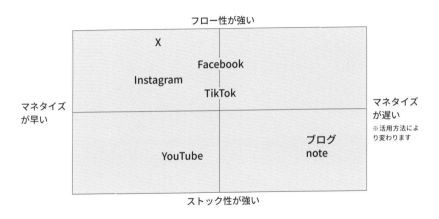

　「ストック型」の代表的なメディアはブログです。一度書いた記事が何度でも読んでもらえ、1年前や2年前の記事であっても十分集客効果が期待できます。その分、即効性には欠けるので、集客結果が出始めるのに時間がかかります。発信を何ヶ月も何年も続けていくことで集客力が積み上がっていくことから「ストック型メディア」と言われています。

　「フロー型」は言葉通り「流れていく」メディアのことで、「タイムライン」がある、XやFacebook、Instagram、clubhouseなどが該当します。流れていく速度が最も早いのはXと言われており、出したコン

テンツの寿命は3日程度と非常に短命です。その分拡散性が高く、ストック型に比べ、早く集客結果が出始めます。また、リアルタイムな情報がライブ感を生み出しユーザーの反応がよい（リアクションが多い）ことが、フロー型メディアの特徴です。

　即効性を求めるならフロー型、長期的に考えるならストック型に軍配が上がりますが、最終的には「両方、全部やる」が集客の正解になります。

　その点、Instagramはフロー型でありながら、過去の投稿にもさかのぼって見てもらいやすい特徴があり、続けるほどに集客力が上がるというストック型の利点も備えています。そして基本は、フロー型であることからフォロワーが少ない運用初期からでも、非常に早く集客につながることから、ビジネス初心者に最もお勧めできる集客メディアなのです。

Mata社も販売に使えるツールを多数用意している

　実はSNSの中には、ビジネス利用を推奨していない物もあります。セールス目的で利用するとアカウントに制限がかかったり、外部リンクを貼るとを顕著にリーチが落ちるメディアも存在します。
　その点Instagramでは、公式でビジネス利用をすることを前提としている「ビジネスアカウント」という機能が用意されており、安心してビジネス利用することができるのも大きな特徴の一つです。
　集客目的でInstagramを利用する時は、必ずビジネスアカウントを利用してください。ビジネスアカウントの設定や活用方法は、CHAPTER-3で詳しく解説していきます。

Instagram集客の ターゲットと業種

どうせインスタは若い女性しか集客できないでしょう？
そんなことはありません。幅広いターゲット層と多くの
業種でInstagram集客は成功しています。

BtoBよりBtoC

　Instagramが最も集客効果を発揮するのは「一般の個人」に向けた
集客になります。

> BtoB/BtoCとは
> BtoB（Business to Business/企業間取引）のこと
> BtoC（Business to Consumer/企業対一般消費者）のこと

　そもそもSNSは、一般ユーザーが日々の交流や楽しみ、暇つぶしな
どの目的の為に利用する物なのです。企業間での取引先を見つけるた
めに利用している人は非常に少ないため、BtoBビジネスの場合「そも
そも顧客がSNSにいない」という状況になります。

　では、BtoBサービスの会社はInstagram運用は必要ないのか？　と
いうと、そういうわけではありません。最近は、契約や企業の採用で
もInstagramや他のSNSをチェックされる（これまでの発信をチェック
され、問題のない人間か見極める判断材料にされている）ので、対B
の企業であっても当然Instagramも他のSNSもチェックされていると思
った方がよいです。

　具体的には、本書のCHAPTER-4で詳しくお伝えする「世界観」を作
り、自社のブランディングツールとしてInstagramを使っていくこと
で、間接的に集客につながる運用ができるようになります。

Instagram集客に向いている業種とは

弊社が運用するアカウントや、今までの受講生の方が運用してきたアカウントから、集客に成功している業種は下記の通りです。

- コーチ、コンサル系ビジネス
- 料理やお茶などのお教室系
- オンラインでのコンテンツ販売系
- 美容サロン、整体院、整骨院、治療院、リラクゼーションサロン系
- フィットネス、スポーツジム、ヨガ、ダンス系
- 講座ビジネス全般
- アパレル、アクセサリー、雑貨、美容商材などの物販系
- 飲食系
- web制作、動画制作などの制作系
- システム開発系
- オンライン秘書、事務代行、運用代行などのサポート系
- 農業、生産品のオンライン販売

つまり、一般層（対C）に対して商品やサポートを提供する業種であれば、どんな業種でもInstagramから集客ができると考えていただいて問題ありません。

利用者層・高齢者は難しい

「Instagramは若い女性向けのもの」という認識が一昔前はありましたが、実は今ではその実体が大きく変わってきています。

Meta社（旧Facebook社）の公式の発表によると、日本のInstagram全体の利用者の中で女性は57%、男性は43%となっており、男性の利

用率が急激に増えてきています。

Instagramの年齢別利用率の推移

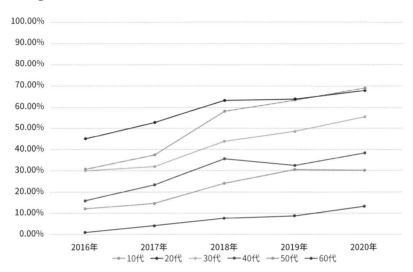

参考：総務省情報通信制作研究所「令和２年度情報通信メディアの利用時間と情報行動に関する調査報告書」

【令和4年度】主なソーシャルメディア系サービス／アプリ等の利用率（全年代・年代別）

	全年代 (N=1,500)	10代 (N=140)	20代 (N=217)	30代 (N=245)	40代 (N=319)	50代 (N=307)	60代 (N=272)
LINE	94.0%	93.6%	98.6%	98.0%	95.0%	93.8%	86.0%
X	45.3%	54.3%	78.8%	55.5%	44.5%	31.6%	21.0%
Facebook	29.9%	11.4%	27.6%	46.5%	38.2%	26.7%	20.2%
Instagram	50.1%	70.0%	73.3%	63.7%	48.6%	40.7%	21.3%
mixi	2.0%	2.9%	1.8%	4.1%	1.6%	1.6%	0.7%
GREE	1.4%	2.9%	2.8%	2.4%	0.3%	1.0%	0.4%
Mobage	2.1%	6.4%	2.8%	4.1%	1.3%	1.0%	0.0%
Snapchat	1.7%	4.3%	3.7%	2.9%	0.9%	0.7%	0.0%
TikTok	28.4%	66.4%	47.9%	27.3%	21.3%	20.2%	11.8%
YouTube	87.1%	96.4%	98.2%	94.7%	89.0%	85.3%	66.2%
ニコニコ動画	14.9%	27.9%	28.1%	17.1%	9.1%	10.4%	7.7%

令和４年度情報通信メディアの利用時間と情報行動に関する調査報告書
https://www.soumu.go.jp/main_content/000887659.pdf

また年代別に見ると20代のサービス利用率が73%と最も高く、30代で63%、40-50代でも40%以上の利用率を維持しています。60代以上は大きくスコアが下がりますが、これはInstagramだけでなくLINEとYouTube以外の全てのSNSに共通する傾向になります。

以上のことから、10-50代の全ての人が利用しているInstagramは、男性顧客も女性顧客も獲得できる発信メディアと言えます。もし60代以上を対象とする集客をSNSなどの無料メディアから行ないたいのであれば、YouTube一択ということになります。

店舗集客にも強い

Instagramは、飲食店やサロンビジネスなどの店舗集客にも効果的です。

もし、店舗集客を、Google検索で獲得しようと思うと、SEO対策にそれなりの知識が必要で、コストもかかります。しかし、Instagramなら無料で、Googleに比べれば少しの知識で店舗集客が可能になります。

しかも、Instagramの中で検索対策をしている店舗は、まだ決して多くありません。自分のお店のアカウント名とプロフィールの文章の中に「地域名＋業種」を入れて作ることで、そのエリアで検索された時に、Instagramの中で上位に表示されやすくなります。

例）湘南台＋ネイルサロン

神奈川でダメなら藤沢、藤沢で上位が取れなければ湘南台、というように地域名のエリアボリュームを工夫すれば、検索された時の上位3位以内に入ることも難しくありません。地域名＋業種で検索する方は、すでにニーズが明確な方が多いのでフォロワー数に関わらず、直来店につながりやすい傾向があります。

27

例）湘南台＋ネイルサロンで上位表示されるアカウントになりました。神奈川でダメなら藤沢、藤沢で上位が取れなければ湘南台、というように地域名のエリアボリュームを工夫すれば、検索された時の上位3位以内に入ることも難しくありません。

他のSNSと一線を画すInstagram

1

SECTION 04

毎年のように新しいSNSが生まれ消費されていく中で、Instagramは、いまだに利用者を増やし続け、多くの企業も参入を進めています。一体なぜでしょうか？

国内メディア2位・アクティブユーザーが非常に多い

　アカウントを持っている利用者「アクティブアカウント数」だけの数字で見ると、Instagramは国内主要の5つのSNSメディアで比較したとき、4番目となります。

　Instagramの国内月間アクティブアカウント数は、6,600万（2024年2月）と発表されており、2019年1月から比較して約5年間でほぼ200%増となっています。

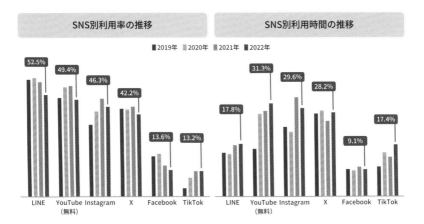

注）平均利用時間は、各サービス利用者を分母とした平均利用時間

Glossom株式会社「スマートフォンでの情報収集に関する定点調査」
https://prtimes.jp/main/html/rd/p/000000021.000043425.html

また、その中でも特徴的なのが、アカウントを持っている人の「アクティブ率」（※実際にアカウントを1ヶ月以内に利用している人のパーセンテージ）が非常に高く、アクティブなユーザー数はLINE、YouTubeに次いで3番目となり、情報を発信した時の反応が非常によいのが大きな特徴です。

フォロワーの滞在時間が長い

　みなさんは、日々どのSNSを見ている時間が一番長いでしょうか？
　人によって「ホーム」にしているメディアが違うので、毎日YouTubeを開くことが習慣になっている人、ちょっと手が空いたらXを開くことが習慣になっている人、facebookを開くことが習慣になっている人、さまざまな習慣を持っている方がいると思います。
　ちなみに私自身は、時間が多めにある時はYouTube、隙間時間はX、友人との交流はfacebookという形ですが、一日の中での滞在時間はやはりInstagramが一番多いです。
　主要SNSメディアは、ユーザーの「滞在時間」をどれだけ獲得できるかを、日々しのぎ合っているのですが、その中でInstagramはアクティブユーザーの多さに比例して、滞在時間も長いことが特徴です。
　YouTubeに次いで2位の滞在時間であり、フロー型メディアの中では1位の滞在時間となります。Instagramユーザーはアカウントを作ったら、ずっとInstagramの中で面白い情報を見つけ、欲しい商品を見つけ、勉強もして、友人達やフォローしている人とコミュニケーションを取ります。Instagramは「Instagramが生活の一部」になっている人が、非常に多いメディアということが大きな特徴です。この特徴は集客に特に有効に働きます。

Threadsも始まり、連携が期待される

　Threads（スレッズ）とは、Instagramを運営するMeta社が2023年7月6日にリリースした、無料のテキスト投稿型SNSサービスです。リリースされてわずか5日間で1億人ユーザーを獲得し、大きな話題となりました。

　一気に話題になった反動もあり、その後アクティブユーザーは減少したものの、同じテキスト型SNSであるXからのユーザーが流入し続けており、大きな拡散や成長はないものの、徐々に利用者数も盛り返しつつあります。

　また、現在利用者が少ないということは、今後何かのきっかけでThreadsが大きく伸びる可能性も多いにあります。ThreadsはInstagramとのアカウント連携が自動でできるので、Instagramの運用に併せてThreadsのアカウントも作って、同時運用していくことで先行者利益も期待できます。

楽しめば楽しむほど集客も伸びていく

　まとめると、Instagramは初心者に優しく、しかもアクティブユーザーが非常に多いため、見込み顧客に向けてメッセージが届きやすく、集客に特に適したSNSメディアということが言えます。

　ですが、忘れてはいけないことがあります。

　それはInstagramは「集客ツール」ではなく「ソーシャルネットワークサービス」であること。つまり「コミュニケーションメディア」だということです。

　私たちもInstagramの中に、どっぷりと浸かってフォロワーの方々と交流を楽しみ、思う存分にSNSを使い倒すことが、最も集客できるアカウントに近づく最初の一歩なのです。

　本書では集客に役立つ細かなノウハウもたくさんお伝えしますが、

まずは「インスタグラムを楽しむこと」を第一に実践してみてくださいね。

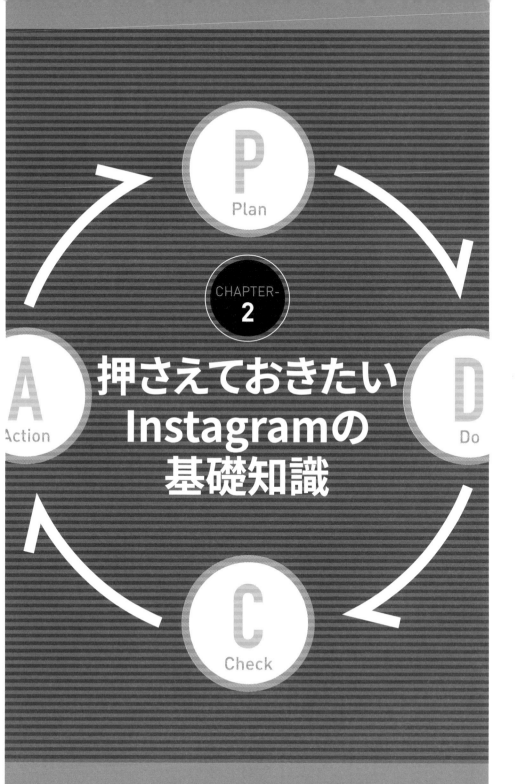

P

Plan

CHAPTER-
2

A

Action

D

Do

押さえておきたい
Instagramの
基礎知識

C

Check

Instagramをはじめる前の心構え

SECTION 01
ここでは、作業の途中で気持ちが折れたり大変になったりしないための、はじめる前に知っておくと心が楽になることについてお伝えします。

大量の機能と頻繁なアップデート

　Instagramでは、アップデートや細かな機能の修正が年に何度も行われ、日々変化し続けています。ここ1年では、クリエイター向けの「投げ銭」機能や「サブスプリクション機能」が増え、インフルエンサーがファンとつながり収入を得られる機会が増えました。

　また、アプリから「予約投稿」もできるようになり、リールもテンプレートが充実し、どんどん魅力的な機能が拡張され続けています。

　他にもストーリーズの中でできること、ライブでできることもかなり細分化されており、膨大な機能が実装されています。これらの機能を知って活用することで、効率的に集客活動ができるようになります。

全て覚える必要はない

　Instagram機能の全てを、覚えて使いこなすことは不可能です。

　例えば、スマートフォンの機能を、全て理解した上で使っている方は少ないと思います。それでも問題なく使えますし、スマートフォンがあることで日々の暮らしは大きく豊かになっていますよね。それと同じようにInstagramの中にある機能を、全て覚える必要はありません。一部の機能さえ使いこなせれば十分に集客活動が行えます。

　Instagramのことを、まったくわからなくても、このCHAPTERで紹

介する機能を覚えていれば、後の情報は無理に追いかけなくても集客に影響はありません。

アカウントによって使える機能に差がある

あまり知られていない話ではありますが、Instagramは、アカウントによって使える機能にかなりの差があります。例えば、ライブ中にスマホに入っている画像を共有する機能です。この機能が使えるアカウントもあれば、それがまったく表示されない（ボタンすらない）アカウントもあるのです。

これは、Meta社が一部のアカウントを使ってテストをしている為と言われており、アップデートがされた訳でもないのに機能が増えている、昔使っていた機能が使えなくなっている、ということが頻繁に起こります。

そして、アカウントによって使えない機能もありますので、ネットで調べた機能を使おうとしているのに、自分のアカウントには実装されていない、ということも多く起こります。

本書では、ほぼ全員に実装されている機能だけを取り扱っていますが、ご紹介している機能が存在しないアカウントがあったり、ボタンの位置や表示が違う可能性があることはご了承ください。

知っておきたい Instagram基本機能

ここでは集客やマネタイズに必要なInstagramの基本機能について解説をします。読みながらスマホを手に持ち、インスタグラムの画面を触って覚えていきましょう。

プロフィール

Instagramのプロフィールとは、Instagramであなたの名前や自己紹介が書かれている画面のことをいいます。自分のプロフィールを見たい時は、Instagramの画面右下の写真をタップすると表示されます。プロフィールは、Instagramを運用するうえで非常に重要です。

プロフィール設定は①アイコン、②名前、③プロフィール文章、④リンク、⑤ハイライトの5つで構成されています。

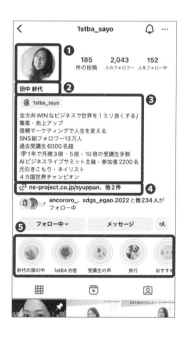

Instagramは投稿にリンクを設置できません。そこで、外部に誘導したい場合はプロフィールリンク、またはストーリーズのリンクから誘導する導線を作ることが、基本の集客の流れになります。プロフィール欄のリンクは最大5個設置することができます。

通常投稿（フィード投稿）

Instagramのフィード投稿とは、ホーム画面に表示される投稿のことです。Instagramの中で一番基本的な投稿スタイルとなり、投稿された画像や動画はプロフィール画面に残ります。フォロワーのタイムラインに表示されていく投稿にもなりますので、集客においてはブランディング、告知、顧客教育など、あらゆる目的で使われる重要な機能になります。

■ フィード記事を投稿する手順

　プロフィール画面の右上の［＋マーク］をタップし、上から2番目の［投稿］を選択、自分のスマートフォンに保存されている画像や動画を選択して投稿できます。一度の投稿で最大10枚まで重ねて投稿することができます。

重なった紙のマークを
タップすると、複数枚
重ねて投稿することが
できます。

リール投稿

　リール（Reels）とはInstagramの中のショート動画機能で、最大90秒の動画を投稿できます。YouTubeの長尺動画と違い、スマホでの視聴を前提として考えられているためスマホで撮影し、そのままリール上で文字を入れたり音楽をつけたりと、簡単に動画を作れる機能が充実しています。

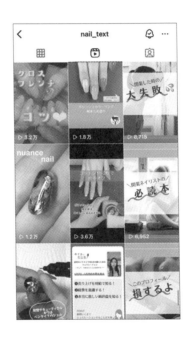

　また、集客の場面においてもリールはフォロワー以外の人に見てもらいやすく、新規フォロワーや新規顧客を獲得するために非常に役に立つ機能です。発見欄や検索画面でも通常のフィード投稿よりも大きく表示され、画面が動くのでユーザーの目にも止まりやすいことが特徴です。

リールが大きく表示されています。

■ リールの投稿の手順

プロフィール画面の右上の［＋マーク］をタップし、一番上に表示されている［リール］を選択します。自分のスマートフォンに保存されている動画を選択して投稿できます。

用意している動画を選
択します。

投稿インサイト

　インサイト機能は、自分のアカウントを分析できる機能で、誰でも
無料で利用できます。インサイトで見れる情報の活用が、集客ができ
るインスタ運用の基本となります。まずここでは「インサイト」とい
う言葉と、インサイトを見る画面の出し方を押さえておきましょう。

　フォロワーが少ないうちはインサイトが表示されないことがありま
す。

　インサイトを見るにはビジネスアカウント設定が必要です。ビジネ
スアカウントについてはCHAPTER-3で詳しく解説しています。

■ インサイトを見る手順

　自分が投稿したフィード投稿を開くと［インサイトを見る］という
項目が表示されます。

インサイトを開くと左から順に［いいね］［コメント］［シェア］［保存］の4つのボタンがあり、それぞれが実行された数がわかります。

インサイトは、プロフィール画面の右上の［3本線マーク］からも見ることができます。

右上の３本線をタップ。

インサイトを選択。

期間別でインサイトの
概要が表示されます。

ストーリーズ

　ストーリーズとは、24時間で消える動画や投稿のことを指します。見ている人にはフルスクリーンで表示され、写真投稿の場合は５秒間表示されます。動画投稿なら自分で時間を設定でき、1つの動画投稿につき最大60秒まで設定できます。

　ストーリーズはフォロワーにだけ見られるようになっており、フォロワーとのコミュニケーションを深めるために使います。

　Instagramを利用しているユーザーの70%がストーリーズを活用しており、集客においても非常に重要な機能です。

■ ストーリーズの閲覧方法

　ホーム画面の上に、自分がフォローしている人で、ライブをしている人とストーリーズをアップしている人のアイコンが一覧で表示されます。アイコンの周りにInstagramカラー（ピンクとオレンジ）の輪っかがついている人がストーリーズを投稿している人で、表示されている順番は一番左からエンゲージメントが高い順（より多くコミュニケーションをとっている順）となります。

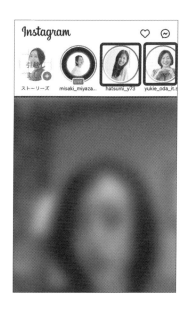

　ストーリーズを見たい人のアイコンをタップするとその人が投稿したストーリーズが表示され、一定時間が立つと自動的に次の投稿に切り替わります。指でスワイプして次の投稿を表示させることも可能です。

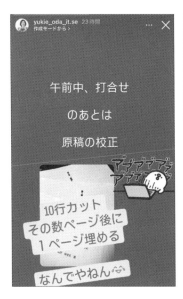
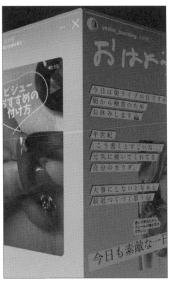

■ ストーリーズの投稿の手順

ストーリーズ投稿には以下の2種類の方法があります。

01 ホーム画面の自分のアイコンをタップします。

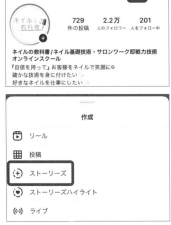

02 プロフィール画面の右上の［プラスマーク］をタップし、上から3番目の［ストーリーズ］をタップします。

スマートフォンに保存
されている画像が表示
され、好きな画像や動
画からストーリーズを
作っていくことができ
ます。

ハイライト

　24時間で消えてしまうストーリーズを、ずっと表示させることがで
きるのが「ハイライト」という機能です。

　プロフィールを訪れたユーザーが知りたい情報や、ユーザーに伝え
たい情報をハイライトにまとめていくことで、Instagram上でのホー
ムページのような役割を担ってくれるようになります。

■ ハイライトの作成手順

プロフィール画面の右上の［プラスマーク］をタップし、上から4番目の［ストーリーズハイライト］をタップします。過去に投稿されたストーリーズが表示されるので、その中でハイライトに表示したいものを選択し、次の画面でハイライトのタイトルとカバー画像を設定し、右上の［追加］ボタンを押せばハイライト作成は完了です。

ハイライトに載せたいストーリーズ
を選択します。

複数枚のストーリーズをまとめて1つ
のハイライトにできます。

DM

　InstagramDM（ダイレクトメッセージ）は、Instagramのユーザー
同士がチャットでショートメッセージを送り合える機能のことです。
一度のDMで最大1000文字まで送ることができます。

　DMを双方向に送り合うことで、お互いのアカウントのエンゲージメ
ントを高める効果も期待できることから、積極的に利用したい機能の
一つになります。

■ DM画面の出し方とフォルダの見方

　ホーム画面右上の吹き出しアイコンをタップします（またはホーム
画面を右から左へスワイプ）

　画面が開くと［メイン］［一般］［リクエスト］の3つのフォルダに
分かれています。

　このうち［リクエスト］とは「まだ一度もDMのやり取りをしたこと

がない方」からのDMが届いている場所になります。［メイン］と［一般］は機能には違いがなく、自分で自由に誰をメインに入れて、誰を一般に入れるかを振り分けることができます。

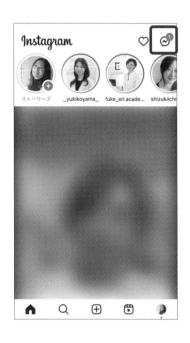

■ DMを送る手順

　DM画面の右上の新規作成ボタンをタップします。検索欄にアカウント名を入力するか「おすすめ」の中からメッセージを送る相手を選びます。

　チャットを作成をタップすると、スレッドが作成されメッセージを送ることができます。

右上の新規作成ボタンをタップ。　送りたい相手を選択します。　選んだ相手とスレッドが作成されます。

■ DM欄の「ノート」機能

　DM欄の上に表示される「ノート」機能は、24時間で消えるつぶやきを残す機能です。一度に投稿できるのは1つのみとなります。最大60秒のつぶやきを投稿できます。

　DM画面にのみ表示され、タイムラインなどに表示されることはありません。限定的な公開範囲となりますが、興味関心を引くようなつぶやきをすることで、プロフィールやストーリーズに誘導する効果が狙えます。

ライブ

　Instagramライブとは、Instagram内で配信できるライブ機能のことです。アカウントによって配信できる時間制限があるものもありますが、最大4時間まで配信ができます。

　リアルタイムに視聴者とコメントのやり取りが行えるので、集客においての信頼構築の場面でも効果的な機能の1つとなります。

　同時に4人までコラボ開催をすることもでき、開催後はアーカイブをInstagram上に残しておくこともできます。ライブ配信を使った効果的な集客方法についてはCHAPTER-8で詳しく解説をします。

■ ライブの視聴をする方法

　ホーム画面の上部、ストーリーズの欄に［LIVE］と表示されているアイコンをタップするとその時に開催されているライブを視聴することができます。

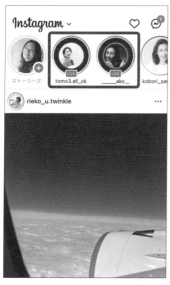

今ライブを見られるアカウントはアイコンに「LIVE」と表示されます。

■ ライブを開催する方法

　プロフィール画面の右上、[＋マーク]をタップし、下から2番目の[ライブ]を選択。スマートフォンカメラと連携されるので、画面中央下のボタンを押すと配信開始されます。

発見欄

　発見欄とは、そのアカウントと親和性の高い情報がパーソナライズされて表示される場所のことを指します。

　画面下部の左から2番目の［虫眼鏡マーク］をタップすると発見欄が表示されます。

　ここに表示される情報は、そのアカウントの持ち主が興味ありそうな投稿や、広告が優先的に表示されるので、アカウントによって表示される情報がまったく異なります。

左から2番目の虫眼鏡
マークをタップすると
発見欄が表示されます。

ネイルジャンルの投稿が
非常に多い発見欄

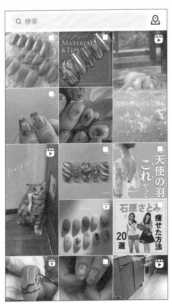

ビジネス情報が
非常に多い発見欄

アカウントによって表示されるものが大きく変わります。

2019年のInstagramの発表によると、ユーザーの5割は発見欄を利用して検索をしたり、新しい情報を探しています。この為、発見欄に載るような投稿ができるようになると、大きく認知が拡大し、フォロワーが増えたり集客力が高まることも期待できます。

ハッシュタグ

　Instagramのハッシュタグとは、キーワードの頭に「#」をつけてコメントを追加する機能のことを指します。

例)#青山エステ、#リールの作り方、#働くママとつながりたい、など。

　フィード投稿、リール、ストーリーズで利用することができ、ハッシュタグをつけた投稿は、該当のハッシュタグページで見ることができます。

　ハッシュタグの詳しい活用方法はCHAPTER-4で解説していきます。

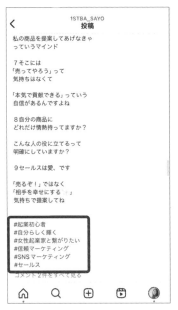

Instagram広告

　Instagram広告とは、Instagramの中で表示される広告のことを指します。Instagramの投稿をそのまま広告としても使うことができるのが大きな特徴で、数百円からでも広告出稿が可能です。

　アカウント運用を始めたばかりで初速をつけたい、LINEなどのリストを獲得したい、商品を販売したい時などに有効です。本書ではCHAPTER-8で詳しく解説していきます。

2

SECTION
03

集客に必要な Instagram機能

多くの機能が実装されているInstagramですが、本当に集客に必要な機能に絞って学び、実践することで、集客できるまでの道をショートカットすることができます。

本当に必要な機能は4つ

　ここまでで紹介した以外にも多数の機能がInstagramには実装されています。ここまで読んだ方は「そんなに多くのことを覚えられない」「なんだか難しそう」と思われるかもしれません。ですが、実は本当に集客に必要なことはたった4つだけなのです。

その4つとは

　①フィード・リール投稿
　②ストーリーズ
　③DM
　④インサイト分析

　この4つをとにかく続けていれば、安定的にアカウントが成長していき集客もできるようになっていきます。もちろん、この4つ以外の機能も、興味があれば使ってみていただいてよいのですが、「少しでも効率的に」集客ができるようになりたいとお考えの方は、まずはこの4つに、とことんエネルギーを注ぐことをおすすめします。

フィード・リール投稿で新規獲得

　フィード・リール投稿は、Instagram集客の最も主軸となる活動で

す。フィード・リールには大きく分けて次の2つの役割があります。

■ ①新規見込み客の獲得

　フォロワー外にリーチを増やしていくことで、今まで私たちのことを知らなかった人たちに、発信が多く届くようになります。投稿が大きくバズると、1回の投稿で数百名単位でフォロワーが増えることもあります。

■ ②見込み客との関係構築

　フォロワーが悩んでいることや知りたいこと、ちょっと興味があること、共感するような記事を書くことでフォロワーからの信頼が高まり、商品を購入したくなる土台が整います。

ストーリーズで関係性を深め集客の導線も作る

　ストーリーズは24時間で消えるからこそ、フォロワーとのコミュニケーションが気軽にできることが特徴です。

　フォロワー獲得だけが目的であれば、フィード投稿だけでも十分にフォロワーは増えていきます。ただしフォロワーになってもらっただけでは、アカウントを見てもらえるのは最初のうちだけで、だんだんとエンゲージメントが下がっていき、フォロワーに私たちの投稿が表示されない「死にフォロワー」になっていってしまいます。

　そうならない為にも、ストーリーズを使って積極的にコミュニケーションを取り、フォロワーとのエンゲージメントを双方高めていくことが大事です。そうして信頼関係を築いていくことで、商品購入につながる流れを作っていくことができます。

　何より、Instagramは外部リンクを貼れる場所が、プロフィールとストーリーズ欄の2箇所しか用意されていないので、Instagram内においてノンストップで販売までつなげていける重要な機能がストーリー

ズとなります。

DMをしていれば、どんどんエンゲージメントは上がる

　DMは他の機能とは違い、クローズドなコミュニケーションができる、Instagram内唯一の機能です。

　Instagramの中で、タイムラインに表示されるのは、双方のエンゲージメントが高いアカウントの投稿です。せっかくフォローをされたのに、その後に「いいね」や「シェア」などのアクションをまったく取らないと、だんだんと私たちの投稿も相手のアカウントに投稿されなくなっていってしまいます。

　そんな時に、エンゲージメントを復活させるために一番役に立つ機能こそが「DM」です。

　DMのやり取りをすることで、Instagramの内部AIが「このアカウントとこのアカウントは仲がよい」と判断し、投稿が優先的にタイムラインに表示されるようになるのです。

　だから、あえてLINEやメールなどの外部ツールではなく、DMを積極的に使用することで、どんどんアカウントのリーチが増えていくという現象が起こります。

　また、私たちの商品に興味がある方と交流をして購入へのきっかけを作ったり、フォロワーとの雑談から仲が深まり、気がつけば商品の購入につながっていたなど、DMは「信頼関係を高めるツール」としても、とても大切です。

インサイト分析で的確な改善をする

　今までやってきた行動の結果が数字となって現れているもの、それがインサイトです。インサイトを見ることで、アカウントをより改善

する指標を得られるので、定期的にインサイト分析をしていくことで、無駄な投稿を作ることが減り、投稿が多くの方により届きやすくなっていきます。

　インサイトは毎日見ることが理想ですが、最低でも週に一度はチェックする時間を確保してください。

Instagram機能それぞれの目的まとめ

　新規フォロワーを獲得していくのは「フィード・リール投稿」で行います。ですが、いくらフォロワーが増えてもそれだけでは商品は売れません。

　重要なのはフォロワーになった方との、コミュニケーション・エンゲージメントの強化を「ストーリーズ」と「DM」で行うことです。「ストーリーズ」と「DM」で「集客できるアカウント」に育てていくことができます。

　そして、より効率的により多くの方に届く発信に改善することを「インサイト分析」で行っていきます。

　いかがでしょうか？　この4つだけなら続けられると思う方も多いと思います。

　それでは、実際に運用を始める準備を次のCHAPTER-3から実践していきましょう。

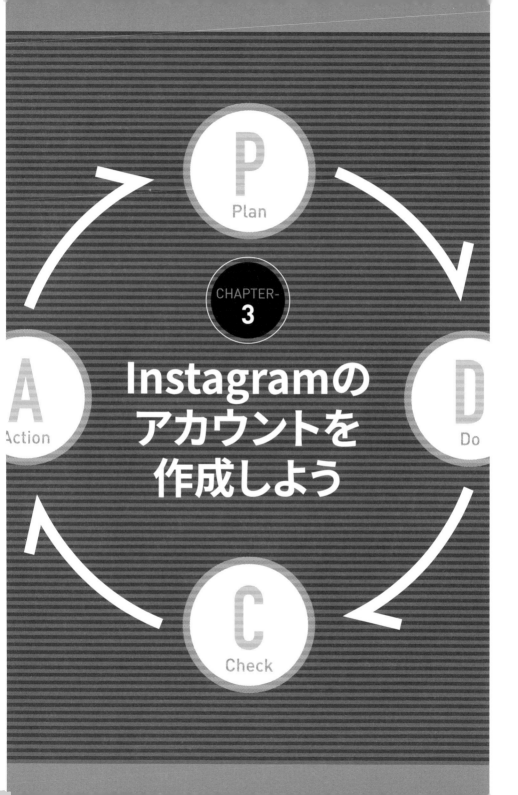

P
Plan

CHAPTER-
3

A
Action

Instagramの
アカウントを
作成しよう

D
Do

C
Check

Instagramアカウントの作り方

SECTION
01
Instagramアカウントは、画面の指示に従って進んでいくだけで、簡単に開設することが可能です。本書の手順を見ながら一緒に作ってみましょう。

Instagramのアカウントを作成しよう

　それでは、Instagramのアカウントを作成して行きます。InstagramはFacebookと同じ運営会社が提供しているので、Facebookのアカウントを持っている場合は、電話番号やプロフィール写真の情報などが、自動同期される機能を使って簡単に作ることも可能です。

　Facebookアカウントを持っていない場合や、Facebookは個人利用だけど、Instagramはビジネス利用にする、Facebookとは違う名前やブランディングでアカウントを作りたいという場合は、同期をせずにスタートさせます。

　特に「名前」に関しては注意が必要です。Facebookは本名フルネームの利用を推奨していますが、Instagramは検索キーワードを意識した名前の方が集客上有利なのです。以上の理由から名前は同期しない方がよいでしょう。

　もし、知らずに同期してしまった場合はMetaのアカウントセンターからいつでも連携を外すことができますが、複雑な操作が苦手な方は、最初はFacebookと同期せずにアカウントを作る選択がおすすめです。

Facebookと連携せず新規でアカウントを作成する手順

01 Instagramアプリをダウンロードします。

02 アプリを開いたら［新しいアカウントを作成］をタップします。

03 携帯電話番号、またはメールアドレスで登録をします。

04 電話番号、またはメールアドレスに届いた認証番号を入力し［次へ］をタップします。

05 任意のパスワードを設定します。

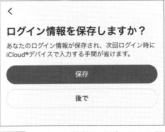

06 ログイン状態を保存するか聞かれるので、どちらか選びます。

07 生年月日を入力し［次へ］をタップします。

08 名前（プロフィールに表示されるもの）を入力します。後からでも変更可能です（一部制限あり）。

09 ユーザーネームを作成します。ユーザーネームはアカウントのドメインのようなものでログインIDになります。一度設定し、後からでも変更可能です（一部制限あり）。

10 利用規約、ポリシーが表示されます。［同意する］を選びます。

11 これでアカウントはできました。プロフィール画像を設定してもよいですが、後からでも設定可能なので、スキップをしても構いません。

12 連絡先の同期を推奨されます。[次へ] をタップすると許可をするか、許可をしないか選べます。ビジネス利用の場合、不利益があるので [許可しない] を選択します。

13 5人以上のフォローを求められますが、アルゴリズムの理由からジャンル違いの著名人はフォローしない方がよいので [全員のチェックを外して] 右上の [スキップ] を選択します。

14 アカウント作成完了です。プロフィールの作り方は CHAPTER-4を参考にしてください。
※画面の表示は機種や時期によって違うこともあります。

Facebookと連携して新規でアカウントを作成する手順

　Facebookアカウントを使用して新しいInstagramアカウントを作成する場合、自動的に両方のアカウントで同じログイン情報を使用することになります。

　名前やプロフィール写真、ユーザーネーム、アイコンなどのプロフィール情報を同期することもできます。

　同期させたくない情報は、Meta社のアカウントセンターでいつでも管理できます。

①Instagramアプリをダウンロードします。

②アプリを開いたら［新しいアカウントを作成］をタップします。

③［Facebook「お名前」としてログイン］ボタンをタップします。
　Facebookアカウントを使ってInstagramアカウントを作成すると、どうなるかについて詳細が表示されるので内容を確認します。

④Facebookアカウントを使ってInstagramアカウントを作成するには、［次へ］をタップします。さらに［次へ］をタップすると、名前、プロフィール写真、アバターがアプリ間で同期します。

⑤ユーザーネームを作成し［次へ］をタップする。

⑥Instagramの利用規約を読んで［同意する］をタップして、アカウント作成完了です。

アカウント初期設定の基礎知識

SECTION
02

ここでは、集客やマネタイズに必要なInstagramの初期設定について解説をします。読みながら、インスタグラムの画面を触って覚えていきましょう。

名前とユーザーネームの違い

ややこしいのですが、Instagramの名前には「名前」と「ユーザーネーム」の2種類があります。スマホ画面の左上に表示されていてIDにもなっているものが「ユーザーネーム」、アイコン画像の下に表示されているものが「名前」となります。

①ユーザーネーム
②名前

「名前」と「ユーザーネーム」のどちらも、Instagramの中で検索された時に足掛かりになる言葉ですので、アカウントの目的に関係する

キーワードを入れた名前をつけることをおすすめします。名前の決め方の詳細を、CHAPTER-4でお伝えしているのでご覧ください。

もし適当な名前をつけてしまったとしても、名前もユーザーネームも後から変更することが可能です。ただし、一部制限があり無制限にいくらでも変えられる訳ではありません。

「名前」の変更は2回までは自由に変えられますが、2回目以降は2週間変更不可となります。2週間経てばもう一度変更できます。

「ユーザーネーム」も同様に、2回目以降は2週間変更不可となります。あまりにも何度も変更すると、一定の回数でユーザーネームは変更できなくなるという情報もありますのでご注意ください。

プロフィール文章は何度でも変更できる

プロフィールはこのアカウントのことを説明する文章のことを指し、最大150文字まで設定できます。プロフィール文章は名前と違い何度でも変更できますので、気楽にどんどんブラッシュアップしていくとよいでしょう。

プロフィール文章の効果的な書き方についてはCHAPTER-4で解説しています。

アカウントの価値を伝えるプロフィール。

プロアカウントで できること

3

ビジネス目的で運用する場合は、プロアカウントの方が機能が豊富です。プロアカウントでできることを確認しましょう。

アカウントの種類

Instagramにはアカウント運用の形式が全部で3つあります。

①個人アカウント
②プロアカウント（クリエイターアカウント）
③プロアカウント（ビジネスアカウント）

まず、「個人アカウント」と「プロアカウント」の2つの違いについて説明します。

趣味でインスタグラムを楽しむ方は個人アカウントで十分ですが、ビジネス利用の場合はプロアカウントにすると、楽に確実に運用でき、集客に役立つさまざまな機能が使えるようになります。

そして、プロアカウントの中には「クリエイターアカウント」と「ビジネスアカウント」の2種類があり、それぞれの運用の目的によって選択していきます。

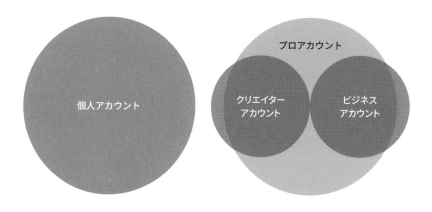

個人アカウント

プロアカウント

クリエイター
アカウント

ビジネス
アカウント

以下、プロアカウントで使える機能を順にご紹介していきます。

投稿や運用の分析改善につながるインサイト機能

「インサイト」とは、アカウントの内部データ情報のことを指します。

- 一つ一つの投稿にどのくらいのエンゲージメント（いいねやコメント、シェア、保存）があるのか
- リーチした人数やどんな属性の人たちに見られているのか

それらを数値化した情報を無料で見れるサポートが「インサイト機能」です。

この機能はプロアカウントにすると使えるようになります。

プロアカウントにする
ことで自分のすべての
投稿の情報を見ること
ができます。

「インサイト」を見ずにアカウントを運営するのは、自分がどこを飛んでいるのかも分からずに飛行機を操縦しているようなものなので、とても不安定で危険な運用になってしまいます。ぜひ「データ」を元に確実に集客できるInstagramを運用していきましょう。

予約投稿機能で効率的に運用できる

プロアカウントにすることで、フィード投稿を予約することができるようになります。

フィード投稿は、投稿する時間によって伸び方が変わってくるので、利用者が多い時間を狙って投稿しましょう。また、最大28日後まで予約が可能なので、まとめて記事を作成・予約しておくと時間効率のよい運用が可能です。

■ 予約投稿の設定方法

01 通常の投稿画面で、画像をアップし画面を下までスクロールすると表示される［詳細設定］をタップします。

02 「この投稿を日時指定」をタップすると希望の日時を指定できます。

広告を出稿できる

　プロアカウントでは、Instagram内のストーリーズやタイムラインに広告を出稿することができるようになります。一日数百円からの低予算でも年代や性別、興味を持っていることなどでターゲットを絞った広告が出せるようになります。広告出稿についてはCHAPTER-8で詳しく解説します。

アクションボタンを設定できる

　プロアカウントにすると、プロフィール欄に目的に合わせた「商品

注文」「問い合わせ」「メール・電話番号」などのボタンが設定できます。Instagramからダイレクトに、問い合わせや商品詳細のページに案内できるので、物販や店舗ビジネスの方は、ボタンを設置しておくことで対応がスムーズになります。

プロフィール下部に任意のアクションボタンを設置できます。

ショッピング機能でお買い物導線を作れる

　Instagramショッピングとは、Instagram内の投稿やプロフィールから、商品の購入へのスムーズな導線をつなぐ機能のことを指します。

　プロフィール欄の［ショップ］のアクションボタンをタップすると、まずはInstagram内の専用ショップページに飛びます。そして商品をタップすると自社のウェブサイトの購入ページに誘導することができます。

　Instagramの中で見つけた魅力的な商品の購入を、そのままInstagramの中で購入までの流れを作れるので、物販系ビジネスのア

カウントには非常に役立つ機能です。

ショップボタンがプロフィールに表
示されます。

インスタグラムの中から商品を見て
もらうことができます。

企業の問い合わせ先を設定できる

　プロアカウントにすると、企業の問い合わせ先をプロフィールに設
定することができます。設定できるのは「住所」「電話番号」「メール
アドレス」の3つになります。3つとも公開するか非公開にするかを、
自分で選ぶことができます。

　プロフィールを見に来た方が、直接問い合わせしてくれるきっかけ
になるので、店舗をされている方や電話問い合わせを受け付けている
方におすすめの機能です。

カテゴリを設定できる

Instagramをプロアカウントにすると選べるものに「カテゴリ」というものがあります。プロフィールの上部、名前の下に書かれている文字を指します。

カテゴリを表示しておくと、そのアカウントを訪れた人がこのアカウントを運用している人はどんな職種なのかが一目でわかるので、目的に合ったフォロワーが集まりやすくなるというメリットがあります。

カテゴリの種類は非常に豊富なので、自分の職業や発信したい内容に合うカテゴリを検索で探して設定してみてください。

カテゴリは「パーソナルアシスタント」と設定されています。

カテゴリは「起業家」と設定されています。

非公開にはできない

プロアカウントのデメリットとして、アカウントを非公開にできないという特徴があります。とはいえ、実際に集客目的でインスタグラムを運用していると、非公開にする機会はあまりないので、特に影響

はありません。もし何かの事情で一時的に非公開にしたければ、その時期だけ個人アカウントへ設定を変更して、非公開にすることが可能です。

　ただし、個人アカウントに変更するとそれまでのインサイトなどの情報が、全て失われてしまいますので、十分理解した上で設定を変更してください。

プロアカウント2種の違い

プロアカウントの中の、ビジネスアカウントとクリエイターアカウントの違いについてご紹介します。ご自身の運用目的に合わせて選択してください。

それぞれの特徴と目的

言葉通り、クリエイターアカウントは、個人の中でも何かしらの創造性のある発信をしている人、インフルエンサーや著名人、デザイナー、クリエイターが利用することを想定して機能が用意されています。

ビジネスアカウントは店舗や企業、小規模の事業者がビジネス目的に利用することを想定して機能が用意されています。

以前はクリエイターとビジネスのアカウント機能には違いが多くありましたが、現在はこの2つのアカウント機能に、そこまで大きな違いはなくなってきました。違いを2点紹介しますので、ご自身の運用目的に合わせて選択してください。

アクションボタンの設置数が変わる

クリエイターアカウントとビジネスアカウントでは、プロフィール欄に設置できるアクションボタンの数と種類が変わります。クリエイターアカウントは最大2種類、ビジネスアカウントは最大4種類設置ができます。

ただし、あまりにも選択できるものが多いと、逆に顧客を迷わせてしまうことにつながりますので、ほとんどの方はビジネスアカウントでも、ボタンの数は1〜2個に絞って運用しています。

公開できる連絡先情報が変わる

　プロフィールで公開できる連絡先情報の量は、ビジネスアカウントの方が多くの情報を公開できます。ビジネスアカウントでは連絡先に「メール」「電話番号」「住所」を追加できますが、クリエイターアカウントでは「メール」と「電話番号」のみとなります。

　オンラインビジネスや個人、フリーランスでビジネスをされている方はクリエイターアカウントで問題ありません。店舗や企業として運営されている方はビジネスアカウントがおすすめです。

プロアカウントの設定方法

SECTION
05

3

Instagramの画面通りに進めば5分で完了しますので、アカウントを作ったら一番最初に設定しましょう。

アカウント設定の流れ

01 プロフィール画面右上にある[3本線]をタップします。

02 下にスクロールして[アカウントの種類とツール]をタップします。

03 プロアカウントに切り替えの案内が出るので画面の指示通りに進めます。

04 [プロアカウントに切り替える]をタップします。

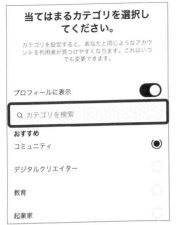

05 カテゴリを選択します。種類が豊富にあるので検索機能が便利です。

06 ビジネスアカウントにするかクリエイターアカウントにするか選びます。

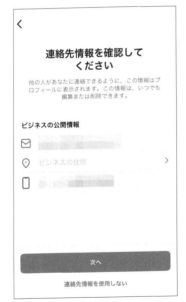

07 連絡先の情報を入力します。

08 Facebookページとリンクをするか聞かれます。リンクをしない場合はスキップを選択します。

これでプロアカウントの登録は完了です。

アカウントの切り替え方法

ビジネスアカウントとクリエイターアカウント、個人アカウントはいつでも設定を切り替えることができます。

01 プロフィール画面右上にある [3本線] をタップします。

02 下にスクロールして [ビジネスツールと管理] をタップします。

03

下にスクロールして [アカウントタイプを切り替え] をタップします。

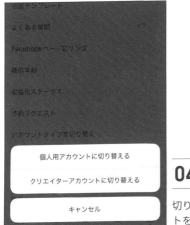

04

切り替えたいアカウン
トを選びます。

Instagram運用上の注意点

3

SECTION 06

これから運用を始める上で、知っておかないと困るInstagramの注意点についてまとめました。

1つのスマホから同時ログインできるアカウント数

Instagramでは作れるアカウントの数に制限はありません。しかし、1つのスマホで同時にログインができるアカウントは、最大で5個までです。複数のビジネスを運用している場合は、無理に1つのアカウントで運用するよりも、顧客層ごとにアカウントを分けて運用した方が集客につながります。

もし、6個以上のアカウントを運用したい場合は、一度ログアウトをして、新たにアカウントを追加すれば何個でも運用できるようになります。同時に6個以上のアカウントにログインしたい場合は、スマホやタブレットをもう一台用意して、新規でInstagramアプリをインストールし、アカウント作成から行うことで、2台×5アカウント＝10アカウントに同時ログインというような形で運用可能です。

ただし、短期間に大量のアカウント作成を行うと、コミュニティガイドライン違反で高い確率でアカウントを停止されます。アカウントが復活した後も、同じスマホから作成したアカウントではデータが共有され、アカウントが停止されやすくなりますので注意してください。必要な数だけ、必要な時に作る基本の運用スタイルをおすすめします。

まずは2つのアカウントを用意する

Instagram集客をスタートする時は、まずは2つのアカウントを用意

してください。これは、「リサーチを行うアカウント」と「集客に使うためのアカウント」を分けるためです。

- リサーチ用のアカウント＝何をやってもよいアカウント、非公開アカウントでも問題なし
- 集客用アカウント＝ジャンル・ブランディングを意識して運用するアカウント

なぜわざわざアカウントを分ける必要があるのかというと、Instagramはアプリの中でのユーザーの行動を監視し学習しているからです。私たちがInstagramで操作した行動全てが、Instagramのアルゴリズムに捕捉され、学習されています。

もし、集客のためのアカウントで、自分の個人的な趣味のエンタメコンテンツばかりを見ていると、「このアカウントはエンタメに興味があるからエンタメジャンルだ」と認定されてしまう可能性があるのです。

そうすると、私たちが本来届けたいビジネスの顧客層に発信が届かなくなってしまい、集客の目的が果たせません。なので、一見面倒ですが「個人利用とリサーチのためのアカウント」と「集客のために全ての行動を計算して行うアカウント」は完全に分けた方がよいのです。

やってはいけない7つの禁止事項

Instagramをこれから運用していく上で、一度は公式のコミュニティガイドラインに目を通しておきましょう。発信者としては当たり前のことを書いてはいますが、意外と1つ2つは見落としていることもあります。

特に「7つの禁止事項」と言われるガイドラインがあり、この禁止事項に該当する発信を行うと、アカウントの凍結、またはアカウント

がまったくリーチが伸びなくなる（シャドゥバンと呼ばれています）などで、Instagramを使えなくなってしまうことがあります。そうならない為に、重要なポイントをまとめましたので、一読ください。

参照：Instagramヘルプセンターコミュニティガイドライン
https://help.instagram.com/477434105621119/?helpref=uf_share

■ 禁止事項1

　写真や動画は、自分で撮ったか、共有する権利を得ているもののみをシェアしてください。
　著作権や商標権を侵害してはいけません、ということです。Webサイトの画像検索から拾った画像、いわゆる「拾い画」は、著作権侵害になりますので注意しましょう。

■ 禁止事項2

　多様なオーディエンスに配慮した写真と動画を投稿してください。性的と捉えられるような動画や画像はアップしてはいけません。ただしこれはAIが自動判断をしているので、一般的には露出の割合が多い画像（デコルテが大きく開いている服を着たバストアップの画像など）を使用した時に、自動的に排除されてしまう可能性があります。また、子供の水着姿なども同様に排除される可能性がありますので注意しましょう。

■ 禁止事項3

　有意義で誠実なやり取りを大切にしてください。
　人為的なフォロワー増加はペナルティの対象になります。数年前まで行われていたフォロワーを購入する行為や、外部ツールでの「自動いいね」「自動フォロー」などは、現在は禁止されています。アカウント停止のリスクがありますので、やめておきましょう。

■ 禁止事項4

　法律を守ってください。

　テロリズム、煽動集団の支援、性的サービスの提供、個人間での薬品・医療品の売買、アルコール、タバコの売買につながる発信は禁止されています。

■ 禁止事項5

　Instagramコミュニティの他のメンバーを尊重しましょう。

　名誉毀損に当たること、誹謗中傷、差別行為、ヘイトスピーチはガイドライン違反となります。個人情報や繰り返し書き込まれる迷惑メッセージなどは削除対象となります。ただし、一般人に影響を与える人物に対しての議論などは許可されています。

■ 禁止事項6

　利用者同士が支え合う環境を大切にし、自傷行為を美化するような投稿は避けてください。

　他人に「自傷行為」を推奨したり促したりする行為は禁止されています。報告があった場合には、その投稿の削除、またはアカウントの停止になることもあります。

■ 禁止事項7

　報道の対象となるような出来事について投稿するときは、慎重に行ってください。

　事件や災害などの情報は慎重に取り扱いをし、特に刺激の強い暴力的な投稿などは削除対象になることもあります。

　ガイドラインを守りながら、心地よいコミュニティをInstagramの中で作っていきましょう。

運用前に
やっておくべき
Instagramの設定

CHAPTER-4

P Plan

D Do

C Check

A Action

運用スタート前の確認事項

ここでは、Instagramアカウント運用開始後の成果が大きく変わる、アカウント設定や投稿準備のポイントをお伝えしていきます。

「とりあえず投稿」はしてはいけない

アカウントを作ったらいきなり投稿してはいけません。まずはリサーチをし「集客につながるアカウント設定」を完了させ、その後から投稿開始し集客までのPDCAを回していきましょう。

Instagram集客におけるPDCAは、具体的に以下のようになります。
［アカウント開設］→［リサーチ］→［アカウント設定］→［投稿開始］→［ストーリーズ運用］→［インサイト分析］→［改善策を考える］→［アカウント設定］に戻る

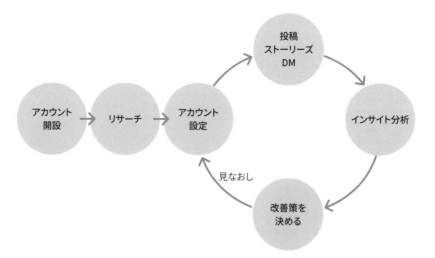

リサーチ・アカウント設定とは何か？

　Instagram集客はリサーチが大事、アカウント設定が大事。Instagramを勉強をされている方なら一度は耳にしたことがあると思います。でも実際にリサーチって何をすればよいのでしょうか？　何を調べたらよいのでしょうか？　アカウント設定とは一体何のことを指すのでしょうか？

　Instagram内で行う「リサーチ」とは、アカウントを伸ばしていくために、事前にどんなアカウントを作れば伸びるのかを調べて、成功パターンを分析することを指します。それぞれの目的に合わせたリサーチをしていきましょう。

　「アカウント設定」とは、簡単に言うと「集客できるアカウントにする為の初期設定」のことを指します。リサーチで集めた情報をもとに、アカウント設定をします。このアカウント設定を、運用前に決めずにスタートすると、途中で投稿がブレてしまい、見た目もバラバラ、顧客教育もできず、集客にもつながらないアカウントになってしまいます。以下のポイントを押さえて、アカウント設定を行っていきましょう。

■ リサーチで実践すること

- Instagram内で自分のジャンル規模を知る
- モデリングアカウントを見つける
- 伸びる発信テーマを見つける
- 世界観を決める材料集め
- ハッシュタグを決める材料集め

■ アカウント設定前に決めること

- アカウントのジャンル
- アカウントのターゲット
- 何を得られるアカウントなのか
- 世界観
- 言葉使いやキャラクター
- 運用の基本ルール

　以上の、「リサーチで実践すること」と「アカウント設定前に決めること」を踏まえ、それぞれ実際のやり方についてご案内します。

アカウントを伸ばす リサーチ

4

伸びるアカウントになるかどうかは、全て事前のリサーチで決まります。ここを飛ばしてしまうと伸びないアカウントになり、何ヶ月も無駄にしてしまうことがあります。

リサーチで見るべきポイント

　Instagram集客運用の全ての答えは「リサーチにある」と言っても過言ではありません。リサーチをすると、投稿を出す前に「この投稿は伸びるか」が自分で分かるようになります。さらに、伸びない投稿も自分で分かるようになるので「伸びないけれど集客の為に大事な教育投稿」をした時、まったく伸びなくても、見た目の数字に踊らされず、気持ちが落ちることなく投稿を継続できるようになります。

　リサーチで何を見ればよいのかを、下の表にまとめてみました。

目的別リサーチチェックポイント

Instagram内で 自分のジャンルの 規模を知る	モデリング アカウントを 見つける	伸びる 発信テーマを 見つける	世界観を決める 材料集め	ハッシュタグを 決める材料集め
・キーワード検索で 競合アカウントの フォロワー数を調べる ・複数のキーワード で調べてみる	・自分のジャンル内 で集客に成功して いるアカウントを 30〜100リサーチ して上位5アカウ ントからモデリン グ先を決める	・モデリングアカウ ントの中で特に伸 びている投稿を調べる	・競合上位アカウン トのそれぞれのデ ザインやフレーズ の特徴を調べる	・ジャンル内でよく 使われているハッ シュタグやハッ シュタグボリューム を調べる

参考にしてはいけないアカウントの見極め方

　一見フォロワー数が多くても「あまり参考にしない方がよいアカウント」が存在します。それは「フォロー中の数が多過ぎるアカウント」です。数年前までは、Instagram内でフォロー返しを狙って、ひたす

ら何千人もフォローをして回る運用スタイルが人気でした。もちろん、フォロワーは増えていくのですが「お返しフォロー」をした人は、あなた自身に関心があるわけではないので、だんだんとエンゲージメントが下がり、アカウントの足を引っ張ってしまうことが多くあります。

　言葉を変えると「アカウント自体の魅力ではない」フォロワーの集め方なので、そういったフォローを大量にしているアカウントを真似してしまうと、あなたのアカウントも育たないアカウントになってしまうので注意が必要です。

まずは30アカウントリサーチしよう

　まず最初のリサーチは、競合アカウントを30アカウント見る所から始めていきます。できる方は100アカウントまでリサーチしてみると、さらに正確なアカウント運用ができるようになっていきます。まずは、30アカウントを目標にリサーチを始めてみましょう。

　効率よくリサーチする手順を以下にまとめたので、順番でやってみてください。リサーチをする時は、エクセルやGoogleスプレッドシートで「リサーチ表」を作り、後から何度でも見直せるように記録していくとスムーズです。

①自分のジャンル（例:ヨガ、など）をインスタの発見欄で検索し出てきた上位のアカウントを上から順に見にいく。

　出てきたアカウントのフォロー中/フォロワー数を見る。

　先述の通り、「フォロー中の数が数千人いるアカウント」＝「相互フォロー狙いで伸ばしたアカウント」の可能性が高いです。そのようなアカウントは、投稿の力で伸びたアカウントではない可能性があるのでリサーチ対象からは除外します。

　フォロワー数が多いアカウントをピックアップします。

※フォロワー数の目安として、3000人規模以上のフォロワーがいるア

カウントを見つけることができれば、そのジャンルで集客可能です。

②プロフィールリンクから、何を販売しているのかを予測します。

アフィリエイト、インフルエンサー、リンクなしのアカウントはリサーチから除外します。

③アカウント名、リンクをリサーチ表に記入します。

④直感でよいのでアカウントのよさを★の数で5段階でランク付けします。

⑤④で星が多いアカウント（★5★4のみ）に絞って、投稿内容もじっくり見ていきます。

弊社で使用している運用シート。

どんなジャンルで投稿するべきかをリサーチする

すでにInstagram運用をされている方なら、こんな経験があるのではないでしょうか？　「集客したくて毎日投稿を頑張っているし、ストーリーズも頑張っているのに、やってもやってもフォロワーがなかなか増えない……」

投稿の方法や、発信のテーマが原因かもしれません。ですが、このようなときは、その多くの原因が「そもそも投稿している内容がInstagramの中では伸びないジャンル」である可能性が非常に高いのです。

そのたくさんある「伸びないジャンルで頑張った」事例の中から私

の事例をお話しします。私が以前、ネイルサロンとスクールを経営していたときのことです。その時、私が一番得意としていたのは、ネイルの講師になる為の技術向上や、ネイルの大会で上位を獲得するためのノウハウだったのです。スクール集客の為に、Instagramでもそういった投稿を多く行っていたのですが……残念ながら、思うようにアカウントは育ちませんでした。

「ネイル」はInstagramの中ではとても伸びやすいジャンルの1つですが、その中で「講師育成」や「大会入賞」などは、非常にニッチなジャンルで、いわゆる「伸びないジャンル」なのです。ネイルの「講師育成」や「大会入賞」などを、読みたいと思っている人が全国に数百人か、多く見積もっても数千人しかいないということだったのです。

アカウントのフォロワーが数万〜数十万人いる他のネイリストと比較する度「なぜ自分はこんなにも伸びないのか」と悩んで、試行錯誤をしていましたが、理由は非常にシンプルで「伸びないジャンルの投稿を一生懸命頑張っていた」からだったのです。

ではどんなジャンルが伸びやすく、どんなジャンルが伸びにくいのでしょうか？　調べ方は非常に簡単で、リサーチ用のアカウントを使い、Instagramの中でさまざまなキーワードを入れて検索をするだけですぐにわかります。以下の手順で、どんなジャンルで投稿するべきかをリサーチしましょう。

①発見欄から検索したいキーワードを入れます。

例）顔ヨガで検索

検索窓に「顔ヨガ」と
入力。

②出てきた検索キーワードの中から1つ選びます。

例）顔ヨガを選ぶ。

③おすすめで出た投稿のプロフィールを、どんどん端から順に見ていきます。

　ここで見るポイントは「フォロワー数」だけで大丈夫です。

　おすすめで表示されるのはこのジャンル（顔ヨガ）の上位アカウントが出やすい傾向があるので「このジャンルの最大値」が見つけやすくなっています。

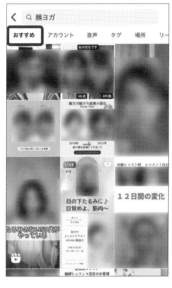

おすすめに出てきた投稿を開き、プロフィールを見にいき「フォロワー数」をチェックします。

④続いて、左から2番目の［アカウント］をタップし、表示されたアカウントを上から順に10個くらい見ていきます。この時も表示されたアカウントの「フォロワー数」だけを見てください。

ここで表示されたアカウントも、上から順に「フォロワー数」を見ていきます。

⑤順番に見ていくと、最大どのくらいのボリューム（フォロワー数）
　がいるジャンルなのかが分かるようになります。

例）顔ヨガジャンルは10万人前後のフォロワーがいるアカウントが複
　　数存在しているので、自分で運用する際も10万人規模までは狙え
　　るということになります。

　①〜⑤までを自分のジャンルに関係するキーワードでどんどん検索
をしていくと、どのジャンルでどのくらいのボリュームがあるか分か
るようになってきます。

例）顔ヨガ　　10万人前後

　　アンチエイジング　3万人前後

　　スキンケア　20万人前後

　自分のビジネスに関連する、ボリュームが多いジャンルを見つけま
しょう。

ジャンルリサーチで参考にしてはいけないアカウント

　リサーチをする時に「ジャンルリサーチでは参考にしてはいけないアカウント」というものが存在します。いわゆる「アカウントを売却する目的のアカウント」や「インフルエンサーの紹介案件目的のアカウント」は参考にしてはいけません。

　慣れてくると、一瞬で見極められるようになりますが、最初のうちは「このアカウントで何を販売しているのか」という視点でプロフィールを見るようにしてみてください。例えば、フォロワーが数十万人いるけれど、プロフィールのリンクに何も貼られていないアカウントは、売却目的やアフィリエイト目的の可能性も高いです。

　また、ハイライトにPR商品が載っている時はインフルエンサー型のアカウントなので、自社商品は販売していない可能性が高くなります。

伸びやすいジャンル

　伸びやすいジャンルは、シンプルに「多くの人が興味があること」が伸びやすい傾向にあります。特にインスタグラムは画像や動画などのイメージ訴求が強いメディアなので、ビジュアルイメージを全面に出しやすい美容やファッション、インテリアなどはInstagram向きのコンテンツと言えます。

　以下にInstagramの中で伸びやすい狙い目ジャンルをまとめています。ぜひ取り入れて考えてみてくださいね。

ジャンル	内容文
グルメ、料理	人の三大欲求なので全世代・性別関係なく見てもらいやすい。
ファッション	インスタグラムで着こなしをシェアする文化があるので広がりやすい。
美容・スキンケア	視覚的にも伝わりやすく、Instagramの最もボリュームゾーンである20-30代女性からの支持を集めやすい
ダイエット・フィットネス	悩みが深く市場も広いため非常にニーズが強い。
お金、節約、金融	多くの人が関心があり、悩みも深い。保存も増えやすい
インテリア、DIY、収納、片付け	身の回りのライフスタイル系は関心がある人が多く伸びやすい
旅行	美しい画像や動画がInstagramと好相性。旅行先の参考に保存もされやすい。
恋愛	人の根源的な欲求かつ、悩みも深いので伸びやすい。
ガジェット、家電、効率化ノウハウ	スマホの効率化や家電情報はライフスタイル系の中でも保存されやすい。
クリエイティブなもの、制作過程	アートやネイル、手芸など何かが出来上がっていくコンテンツはエンタメ要素が強く人気が出やすい

伸びにくいジャンル

　伸びやすいジャンル以外は基本的に「伸びにくいジャンル」と考えてください。特にその中でも「ニッチ過ぎるもの」だと非常に伸びにくくなります。以下に具体例をあげておきます。

例）ネイル＝美容ジャンルで伸びやすい/ネイルの講師育成＝ニッチすぎて伸びにくい

例）仕事の効率化＝効率化ノウハウで伸びやすい/Xmindの使い方＝ニッチ過ぎて伸びにくい

例）ダイエット＝伸びやすい/耳ツボダイエット＝狭すぎて伸びない。「美容ツボ」なら伸びる

集客できない映え写真投稿

　ジャンルとは少し違いますが、過去のInstagramでよく見られていた投稿で、近年ではおすすめできない投稿方法があるので紹介します。

　それは「映え写真」投稿です。おしゃれな写真をとにかくアップしていく手法は、今でもよく使われますが、それをして有効なのは芸能人などの「元々有名だった人」もしくは「インフルエンサー」だけになります。

　以前はそういったアカウントでも集客につながっていましたが、映え写真では顧客教育ができないので、集客用のアカウントで映え写真アカウントは不向きとなります。

自分のアカウントが伸びないジャンルだと分かってしまったらどうする？

　リサーチを進めていくと多くの方が「自分が発信したいと思っていたジャンルが伸びないジャンルだった」と気がつくことがあります。その場合はInstagram集客を諦めた方がよいのか？　といえば、もちろんそんなことはありません。たとえフォロワー数が数万や数十万人に行かないジャンルであったとしても、集客は十分可能です。

　目安としては、リサーチして3000人規模のフォロワーがいるアカウントを見つけることができれば、そのジャンルで集客可能です。3000人規模のフォロワーでも、1人ビジネスの規模であればInstagramの中で十分マネタイズしていくことができます。伸びているアカウントが少ないと競合も少ない可能性が高く、特に大手の運用代行会社やクリエイターは参入してきません。顧客はむしろ情報に飢えていて、あなたのアカウントに辿り着く可能性が高いということでもあります。

　ですが、残念ながらリサーチした結果、競合が存在しない、伸びているアカウントが1つも見当たらないジャンルというものも存在します。その場合は次の2つの考え方から選んでいく形になります。

①Instagramはコンテンツ置き場、ホームページのような存在と割り切って、信頼につながる情報だけを粛々と発信し、ここでの新規層獲得は狙わない。紹介や広告などから自分のことを知った人が検索をしてアカウントを見つけてもらった時に、安心してもらえるように発信だけはしておきます。
②ジャンルを少しずらして、まだ伸びる可能性があるジャンルで発信をする。例として、LINE構築運用代行の場合、ニッチなので伸びないが「オンライン集客」にずらしたり、「スマホやパソコンの効率化、ライフハック」にずらすと伸びる可能性があります。

集客はアカウント運用設定が8割

SECTION
03

ここでは、集客につながるアカウント運用設定を確認します。個人アカウントと集客のためのプロアカウントの最大の違いは、この「アカウント運用設定」の作り込みです。

アカウント運用設定は2つの軸で考える

アカウント運用の目的は、ただフォロワー数を増やすことだけではありません。集客につなげるためには、縁のあったフォロワーが、私たちのことを信頼して好きになり、商品の購入までつながっていく流れを作っていくことが重要です。

その為に、次の2つの軸でアカウント運用設定を考えていきましょう。

■ ①Instagramのアルゴリズムと仲良くなれる運用

Instagramは「誰が誰にいいねをした」「どこにどのくらい滞在した」などの情報から、自動的に表示される物が変化していく「内部AI」が搭載されており、この内部AIを「Instagramアルゴリズム」と呼んでいます。Instagramアルゴリズムが、何を評価してどんなアカウントをたくさん表示させたいのかを知り、それに沿った運用ができれば自然とフォロワーは増え続けていきます。

ただし、本書でも繰り返しお伝えしている通りフォロワーだけが増えていっても私たちの商品は売れません。ここで大切になるのが次のもうひとつの軸です。

■ ②未来の顧客に選ばれる発信と導線

私たちのアカウントを見ている人達は何を考え、何に悩み、何を期

102

待しているのか掘り下げて理解しましょう。顧客の「インサイト（潜在的ニーズ）」に向けた発信と、集客導線作りができれば、アカウントから顧客が自然と商品を買っていく流れを作ることができます。

　これら2つの軸に沿って、アカウント運用設定をしっかり決めていきましょう。

4

アカウント運用の
目的を決める

SECTION
04

ここでは集客につながるアカウントの基本設計を決めていきます。ゴールから逆算して運用をスタートすることで、短期間で集客につながるアカウント運用が可能になります。

入り口出口を明確にした集客導線設計

　入り口とは、未来の顧客があなたのことをInstagramで知る「きっかけ」のことです。そして出口とは、Instagramの中で最後に「どこに連れていくか」という「ゴール」のことを指します。入り口は多くの人が関心を持ってくれるジャンルで発信をすることになりますが、出口は確実に私たちの商品につながる「集客導線設計」を最初から決めておきましょう。

Instagram集客導線３つのパターン

　入り口出口を明確にした集客導線設計として、おすすめの3つのパターンを紹介します。どのパターンで設計するか決めましょう。

■　①Instagramで販売まで動線を作るパターン

　物販系や購入単価が低めの商品におすすめです。Instagram内のショッピング機能やストーリーズリンクから購入フォームにリンクを飛ばす形になります。

Instagramで
認知→フォロー

Instagram内の
ショップ機能や
ストーリーズで
商品紹介

自社販売サイト
（ショッピング
サイトやLPなど）

■ ②Instagramから自社サイトに誘導するパターン

自社サイトの情報が充実しており、購入までの流れがサイト内にできているのであれば、Instagramでは「興味を持ってもらいホームページのリンクをクリックする」ことがゴールとなります。

Instagramで
認知→フォロー

プロフィールリンクを
クリック

自社ホームページ

■ ③Instagramからリスト誘導、リスト内で教育販売するパターン

比較的商品単価が高い場合は、メールマガジンやLINE公式を一度挟むことで、より本気度の高い方を集め、しっかりコミュニケーションをとって販売までつなげることができます。

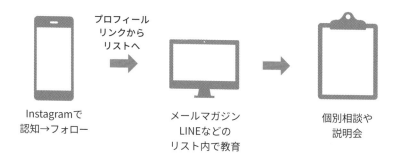

Instagramで
認知→フォロー

プロフィール
リンクから
リストへ

メールマガジン
LINEなどの
リスト内で教育

個別相談や
説明会

1アカウント1ジャンルが原則

原則として、Instagramのジャンルは「1アカウント1ジャンル」が鉄則です。もしその原則を破りInstagram内でさまざまなテーマ、さ

まざまなジャンルでバラバラに発信をすると、いつまでも「このアカウントって何のアカウントかわからない」「誰に表示させたらよいのかわからない」とAIが迷ってしまい、アカウントが伸びない原因になってしまいます。あなたのInstagramはどのジャンルにするかまずは1つに決めましょう。

あなたは「何」の専門家？

　提供する商品が、講座やコンサルセッション、コーチングなどの「無形サービス」であれば自分自身を全面に出して「専門家ポジション」として発信をしていくことをおすすめします。競合他社と比較された時に選んでもらえるよう、自分で自分に名札をつける感覚で「私は○○の専門家」として、自分を定義付けしましょう。

　そして、専門家としてプロフィールを整え、アイコン画像も専門性が伝わる画像、専門家としての知見を伝えるフィード投稿やストーリーズ運用、とつながっていきます。

　また、物販やサロン、治療院などの店舗系の方でも、競合と差別化できるコンセプト「あなたが解決できる顧客の悩み」を全面に打ち出すことで、その悩みを持っている顧客があなたのアカウントに辿り着きやすくなります。

　例えば、治療院をされている方なら、ただ単にメニューを載せたり日々の日記を載せるのではなく、自社のサービスで人気がある物から「○○の専門家」として名乗った方がInstagramの中では選ばれやすくなります。もし、腰痛治療が得意なのであれば「腰痛改善の専門家」として発信していくと、治療院は探していないけど、腰痛には悩んでいる人達がこのアカウントを見つけてくれます。腰痛改善の参考になるのでフォローし、暫くアカウントを見たのち「どうせなら、信頼できる所に行こう」とあなたの治療院を訪れてくれるようになります。

ターゲット設定の決め方

SECTION 05

何を書いてよいかわからないときは未来の顧客「ターゲット」のことを深く知ることで、自然と言葉が湧いてきます。

どんなターゲットに何を訴求するのか明確に

集客において最も大切なこと。それは「自社の商品が必要な人」と出会うこと。そして出会った人に「私にこの商品が必要だ」と気がついてもらうことが大切です。商品を求めている人に出会うことが大切なのは、容易に分かると思います。でも、「必要だと気付いてもらう」ことがなぜ大切なのでしょうか？

実は、ほとんどの方が自分の悩みや欲求に、本当の意味では気がついていないからなのです。

顕在的なニーズを持っている顧客のことを「今すぐ客」、潜在的なニーズを持っている顧客のことを「そのうち客」と呼びます。

顕在化しているニーズ
<今すぐ客>

潜在的なニーズ
ユーザーが気づいていないので
言葉にできない要望
<そのうち客>

Instagramは「今すぐ客」「そのうち客」両方ともに訴求できますが、今すぐ客ばかりに向けたダイレクト訴求をしていると、絶対数が少ないのでフォロワー数も集客数も早い段階で頭打ちになってしまいます。

そこで大切になってくるのが「そのうち客」に向けた発信です。そのうち客とは「今すぐ買いたいというわけじゃないけどふんわり気になっているから、SNSで見かけると何となく見ちゃう」という状態の顧客層のことです。

この「顧客自身が気付いていない潜在的なニーズに気付いてもらう」アカウント運用を、Instagramの中で行っていくことになります。

潜在的ニーズから購買までの流れ

①素敵なインテリアの画像保存しとこ
（潜在的なニーズ素敵なインテリア）

②そういえば、この部屋のカーテン気に入ってなかったんだよね
（潜在的なニーズに気付く）

③あ、このアカウント失敗しないカーテンの選び方も載ってる
（顧客教育）

④ショッピングサイトもやってるんだ、ここから買っちゃおう
（購買）

ペルソナではなくターゲット設定が大事

顧客の潜在的ニーズに向けたアカウント作りの第一歩、それは私たちが「顧客本人よりも顧客の悩みや欲求を知っている」状態になることです。マーケティングでは「たった1人の理想の顧客・ペルソナ」を設定することが多くありますが、Instagramの中でペルソナを強く意識しすぎると、拡散しにくい「伸びないアカウント」になってしまいます。

そこで、ターゲット層を決めて、ターゲットの潜在的ニーズを知る

ことが重要となります。「このジャンルで多くの人が関心があること」
から、このテーマに関心がある人たちはどんなことに悩んでいたり、
どんな欲求を持っているのか？　と深く掘り下げていくと、ターゲッ
トの潜在的ニーズを知ることができます。

　まずは、ターゲット設定に取り組んでみましょう。ターゲット設定
の5ステップを、具体例とともにご案内します。

■ ターゲット設定5ステップ

①ジャンルを決める例ー健康になる食事ジャンルで発信をする。

②リサーチする例ーインスタグラムの中で健康食事ジャンルで何が人
　気なのか、伸びている投稿を調べてみる。どうやらダイエットが人
　気みたい。

③仮説を立てる例ー自分の強みとニーズから「3食しっかり食べて痩
　せる」で喜んでくれる人はどんな人達だろう？　一見た目だけじゃ
　なく体の健康も気にしている人じゃないかな？

④ターゲットを掘り下げる例ー体も健康にしながらダイエットをした
　い人って一体どんな人達なんだろう？

⑤ターゲットのさらに深い悩みや欲求を理解する。

①ジャンルを決める
健康になる食事ジャン
ルで発信をする。

②リサーチする
インスタグラムの中で
健康食事ジャンルで何
が人気なのか、伸びて
いる投稿を調べてみ
る。どうやらダイエッ
トが人気みたい。

③仮説を立てる
自分の強みとニーズか
ら「3食しっかり食べ
て痩せる」で喜んでく
れる人はどんな人達だ
ろう？　一見た目だけ
じゃなく体の健康も気
にしている人じゃない
かな？

④ターゲットを掘り下
げる
体も健康にしながらダ
イエットをしたい人っ
て一体どんな人達なん
だろう？

⑤ターゲットのさらに
深い悩みや欲求を理
解する

ターゲットの潜在的なニーズを知る

　ターゲットを「30代の女性」や「20-40代の女性」というように、かなりざっくりとした決め方をしている方が多くいます。その状態からだと「ターゲットに向けて記事を書きましょう」と言われても、何を書いたらよいか分からなくて、止まってしまいませんか？

　なぜ止まってしまうのかというと、「ターゲットの設定が大雑把すぎて、何に悩んでいるのか、何を知りたいのかが分かっていない状態」だからなのです。未来の顧客の悩み、欲求、知りたいこと、潜在的なニーズを以下の例を参考に掘り下げてみましょう。

■ 例）30代の女性でインテリアに関心がある人

〈この人は何に悩んでいる？〉

　昔は自分のお気に入りに囲まれた部屋で暮らしていたけれど、結婚して子供が生まれてからいつも散らかっているし、インテリアのテイストがバラバラになって今の部屋が気に入っていない。

〈この人はどんな欲求を持っている？〉

　モデルルームみたいなお洒落で落ち着いたインテリアの家に住みたい。家事のしやすさも妥協したくない。家族（特に夫）にも協力してもらいたい。

〈この人が知りたいことは何？（顕在的なニーズ）〉

　お洒落なインテリアの作り方、お洒落な家具情報、DIYの情報、収納術。

〈この人が自分で気がついていない悩みや欲求は？〉

　子供が小さいうちはどうせ無理だなと諦めている。

　夫とインテリアの好みが違う。話し合うのが面倒、忙しくて時間が

110

取れない。

　本当は欲しい家具があるけど、金額的に諦めている。

　いつも散らかっていない家で暮らしたい。

　でも、自分ばかりが片付け続けるのは嫌だ！

　顕在的なニーズは、多くの人が知りたがっていることでもあるので、フィード投稿のテーマにするとリーチが伸びやすくなります。そして、潜在的なニーズも同じように発信をすると「私が悩んでたのはこれだった!!」と気付いてもらえ、共感や感動が生まれやすくなります。

1アカウント1ターゲット

　Instagram集客のサポートしている中で、よくご相談を受けるのが「複数の商品があるのですが、アカウントは1つのアカウントでまとめて発信してもよいでしょうか？」というものです。

　1つのアカウントから複数の商品を販売することは問題ありません。ですが、ターゲットがもしバラバラな場合はアカウントを分けた方がよいのです。複数のターゲットに向けてバラバラに発信をしてしまうと、Instagramのアルゴリズムで「誰にこのアカウントを届けていいかが分からない」状態になってしまうので、結果としてアカウントが伸びなくなってしまう危険性があります。

モデリングアカウントを決める

リサーチを行いターゲットが決まったら、次は「どんなアカウントを作っていったらよいのか」より明確にする為に、モデリングアカウントを決めましょう。

なぜモデリングアカウントが必要なのか？

　モデリングアカウントとは、アカウント設計や日々の発信の時に参考にさせてもらうアカウントのことになります。なぜモデリングが必要なのかというと、伸びているアカウント、うまくいっているアカウントには必ず「うまくいっている理由」がたくさんあるからなのです。

　モデリングというと、時々そのままデザインや投稿をパクる方がいますが、もしそれをしているのをフォロワーが見たらどう思うでしょうか？　「あれ、この投稿〇〇さんの真似だ」と思われるかもしれないですよね。そうなるとあなたへの信頼は落ちてしまいます。モデリングとは、そのまま真似をするのではなく「うまくいっている理由」を分析して、それを活かしたアカウントを運用することです。

モデリングアカウントの決め方

　モデリングアカウントを決めるときは、リサーチした時に作った表を使います。モデリング先を選定するために、表の中で★5がついたアカウントを一つ一つ丁寧に見ていきましょう。次にあげる項目を細かく見比べながら一番参考になるアカウントを見極めます。

・フォロワーに対して「いいね」がたくさんついているか

　エンゲージメントの高さが予想できます。

・投稿数はどのくらいか？

　投稿数が少なくフォロワーが増えているアカウントほど、反応率が高いアカウントと言えます。

・ちゃんと顧客誘導できていそうか？

　ホームページリンクがあれば見にいき、リストに実際登録してみたり、数日間インスタ上の「お客様の声」などを見ていきます。

・どんな人がフォローしているのか？

　フォローしている人のプロフィールを見ていきます。外国人が多かったりするアカウントは除外した方がよいです。

・世界観やキャラクター性、発信内容が参考にできそうか？

　自分は優しいキャラなのに毒舌系をモデリングすると大変です。自分のキャラクターに近い人を選びましょう。

　一つ一つ比較しながら見ていくと「このアカウントが一番参考になる」というアカウントが浮上してきます。そのアカウントを「モデリングアカウント」と設定し、より詳しく分析していきましょう。

モデリングをする時の要因分析のポイント

　モデリングで重要なのは「なぜこのアカウントはうまくいっているのか？」と疑問を持って細かく細かく見ていくことです。

　具体的にどんなことをしているアカウントが伸びるのかは、本書のCHAPTER-5、6、7でも詳しく解説をしますが、ジャンルによって伸びるポイントが変わってくることも多くあります。

　伸びているアカウントの中の「伸びている投稿」は何なのか？　プロフィールや投稿方法に「どんな工夫」をしているのか？　ぜひご自身のジャンルでも「必勝パターン」を分析して見つけていってください。

4

世界観を作る

Instagramはビジュアルイメージがとても重要なメディアです。アカウント設定ではイメージやキャラクターなどの世界観も事前に設定するとブレのない運用ができます。

世界観とは？

　世界観とは、言葉、イメージ、キャラクター性などの「印象」を総合したものを指します。世界観が定まっていると信頼感が高まりやすくなり、顧客の心に残りやすく、ふとした時に思い出してもらえ、競合と比較された時にも選んでもらいやすくなります。そのため「世界観」は、Instagramマーケティングにおいて欠かせない要素の一つになります。

　特にInstagramはイメージの世界観が重要ですが、デザインのプロでもない限り、最初はどうしても素人臭い世界観になりがちです。ここでは「これだけ押さえれば世界観が整いやすい」ポイントをお伝えしていきます。

テーマカラーを決める

　世界観の中で最も影響が強いものは「色」です。例えばピンク系のアカウントだと「女性向け」と誰もが自然と受け取りますよね。

色による心理影響

赤	橙	黄	黄緑	緑	青緑	青	紺	紫	桃	黒	灰	白
活動的	友情	明るい	若さ	穏やか	カジュアル	清潔	革新	気品	かわいい	高貴	落ち着き	純粋
活気	親切	幸福	希望	安全	洗練	クール	豊かさ	威厳	女性的	高級	保守的	美しい
情熱	活力	楽しい	癒やし	冷静	誠実	専門性	優雅	愛情	神秘	人工的	清潔
勇敢	成功	決断	調和	治癒	知的	信頼感	自信	恋	洗練	力強さ	直感的	新しい
積極的	行動	元気	安心	豊穣	神秘	知識	高貴	好意	優雅	産業	高貴
挑戦	発展	創造	新鮮	健康	調和	法的	精神	優しい	リッチ	神聖
外交性	冒険	素直	勇気	信頼	知性	倫理	神秘	慈愛	洗練
生命	慈善	協力	自然	休息	清涼感	忍耐	繊細	潔白
闘争心	陽気	好奇心	若者	直感	感謝	平和
革命	安定	希望	浄化
注意
力

あなたがフォロワーに感じてほしい印象は、どの色で与えられますか？

Instagramのアカウント設定では、自分の与えたい印象を的確に表現できそうな「メインカラー」を決め、それ以外にも「サブカラー」「アクセントカラー」といった形で3〜5色程度、「自分のブランドカラー」を決めましょう。そしてこのアカウントでデザインを作る時は、基本的にはその色しか使用しないルールで運用すると、自然と全体が整って見えるようになります。

色の組み合わせを考えるのが難しい場合は、配色スタイルハンドブック（ビー・エヌ・エヌ新社・ローレン・ウェイジャー氏（編著）・和田美樹氏（翻訳）などの本からヒントを得るのもおすすめです。

色を決めるときのポイントは「カラーコードを固定する」ことです。色には「#CD5C5C」（インディアンレッド）や「#00FFFF」（アクア）などのように色の名前と番号が決まっています。この番号を記録しておけば、デザインを作る時にいつもその番号を選ぶことで、寸分違わず同じ色合い、同じ世界観をいつでも表現できるようになります。

|| 使用するフォントを決める

フォントも世界観を決める重要な要素になります。大きく分けてフ

ォントはゴシック体か明朝体の2つになりますが、この2つはそれぞれどんな印象を受けますか？

インスタグラムで 楽しく集客しよう	インスタグラムで 楽しく集客しよう
ヒラギノ角ゴシック	ヒラギノ明朝 Pro N

　「ゴシック体」には元気なイメージや説得力、安定感、「明朝体」には高級感やスタイリッシュさ、上品さを感じませんか？
　このようにフォントによって与える印象が大きく変わるので、自分の顧客層やキャラクター性にあったフォントを選んでいきましょう。

　よし！　じゃあ他の人があまり使っていないようなお洒落なフォントを使おう！　と思った方。1つ注意があります。Instagramにおいて最も重要なのは「小さなスマホの画面で見た時に読みやすいかどうか」です。お洒落なフォントはどうしても読みにくいのです。「お洒落なんだけど読まれない」典型的なアカウントになってしまいますので要注意です。

まったく同じ配置、同じ文字の大きさでも随分と読みやすさが変わります。

　フォントは基本的には1種類を使っていきますが、投稿の中でメリハリをつけるために吹き出しの中は手書き風なフォントを使う、など変化を持たせることはぜひ取り入れてみてください。

手書き風フォントを上手に使うと、親しみとメリハリが出ます。

発信するキャラクター性、文体を決める

　「中の人のキャラクター」も伸びるアカウントの大きな要素の一つです。ズバズバ切ってくれる毒舌キャラなのか、親しみのあるお母さんのようなキャラなのか、それともちょっとユーモアのある友達のようなキャラクターなのか、事前に方向性を考えておきましょう。

　伸びているアカウントの傾向を大きく分けると「賛否両論あるズバッと系」か、「親しみのある共感系」のどちらかに属していることが多くあります。気をつけたいのはSNSはコミュニケーションメディアなので「身近に感じられない」キャラクター性は、敬遠される傾向があります。例えば論理的で「〜である体」の投稿は、Instagramでは伸びません。

　とはいえ、あまりにもキャラクターを本来の自分から遠いキャラクターにしてしまうと、アカウント運用が辛くなり、続かなくなってしまうので「こういう方向になるように意識しよう」くらいの枠組みで大丈夫です。

投稿するコンテンツは最初はリサーチベースで

　モデリングアカウントを決め、リサーチした時の上位のアカウントを見ていると「みんなこんなテーマで投稿している」「このテーマの投稿はいいねが多くついている」などが見えてくると思います。

　アカウントの初期は、こういったリサーチベースで見つけてきたテーマを「自分という専門家ならこう伝える」という切り口で書いてみることから始めてみてください。モデリング対象の「テーマや書き方の構成は真似をする」けれど「中身は自分らしく書く」ということですね。

4

集客ができる
プロフィール設定

ターゲットに興味を持ってもらえるかどうかが決まるのがプロフィール設定です。自分らしさと自分の価値観を伝える強いプロフィールを作っていきましょう。

アイコンは判別のしやすさ×専門性で作る

アイコン画像は、Instagram内で検索された時に一番多く表示されるものなので「ぱっと見で判別しやすいか」が大事になってきます。一番判別されやすいのは人の顔、次が人の顔のイラストですが、無料素材サイトにあるようなイラストの顔素材だと、似たようなアイコンが多くあるので覚えてもらいにくくなります。

ブランドロゴなどでも大丈夫ですが、文字が小さすぎたりパッと見て読み方がわからないようなロゴの場合、覚えてもらいにくいというデメリットがあります。

また、店舗系の方の中には外観写真や内装写真を使う方もいらっしゃいますが、こういった風景画像は、人の目には判別しにくいのであまりお勧めできません。

ロゴの場合パッと見て
読みやすく印象に残る
かが重要。

迷ったら笑顔でアップ
の顔写真を使う。

　もしご自身の業種に「制服」と言えるものがある方なら、その制服
を身につけた画像にすることで「この人は研究職系だ」「この人はエス
テティシャンだ」「この人はヨガの人だ」とさらに覚えてもらいやすく
なります。

例）物理学をわかりやすく伝えるアカウントを運営しているあやかさ
　　ん。研究職出身なのでイラストは白衣を着て本を持っています。

名前には検索キーワードを入れる

Instagram内の検索で一番重要視されるものが「名前」です。例えば「名古屋市　パーソナルトレーニング」というキーワードで検索をされた時、名前に「名古屋市」と「パーソナルトレーニング」が入っている人が優先的に表示されます。しかし、名前の下の「プロフィール文章」や「ハッシュタグ」にキーワードを入れている人は、後の方に表示されていきます。つまり、名前は自分の見込み客が検索するであろうキーワードを入れることがとても重要なのです。

■ おすすめの名前のつけ方事例

①地名＋業種名＋店舗名
名古屋市〇〇区パーソナルトレーニング　△△トレーニング
②地名＋業種名&ターゲットの悩み＋店舗名
名古屋市〇〇区リバウンドしないダイエットならパーソナルトレーニング△△トレーニング
③名前＋ターゲットのニーズ＋肩書き
田中紗代/集客・売上アップ/人生を変えるビジネスマーケッター
④名前＋ターゲットのニーズ＋共感
野田明日香/自宅ネイルサロン「おかえり」が言える距離で稼ぐ方法

プロフィール文章は「誰がどうなれるのか」

プロフィールの文字数は150文字。この少ない文字数の中で、興味を持ってもらえるような「筋肉質なプロフィール」を作っていきましょう。特にパッと見た時に表示される最初の4行には「誰がどうなれるのか」「このアカウントで得られるもの」を伝えることで、興味を持たれ、フォローしてもらいやすくなります。

プロフィールの作り方は複数ありますが、以下の要素の組み合わせ

で作ってみましょう。

■ プロフィールに入れた方がよい要素

権威性、社会的証明
　賞歴、学歴、実績など「すごい」と言われるもの。

誰がどうなれるのか
　このアカウントを訪れた人が手に入れられるもの、メリット、ベネフィット。

共感要素
　身近な人だと感じてもらえる、親近感を感じ少し好きになる。

直近のイベント案内
　アクティブなアカウントであることをアピール&商品やサービスに誘導する。

■ プロフィール例

サロン専門経理アドバイザー/マネーの早苗さんの場合

誰がどうなれるのか
ー【どんぶり勘定→お金を活かす女性へ】
ーサロン経理を月30分でカンペキに
ー確定申告はラクラク30分で
ーfreeeを活用！　売上⬆経費⬇

権威性、社会的証明
ーネイルサロン経営17年
ーfreee認定アドバイザー
ーサポート実績300名以上

直近のイベント案内
ー経理やfreeeが学べるOS『Real Style』4月始動！！

外部に誘導するリンクをプロフィールに設置する

　Instagramでは投稿やコメントにリンクが貼れないため、外部に誘導できるのは、この「プロフィールリンク」と「ストーリーズのリンクタブ」の二箇所だけになります。プロフィールリンクは以前は1つまでしか貼れませんでしたが、2023年のアップデートで最大5個まで貼れるようになり、運用の幅が広がりました。

　ですが、5個全部リンクを貼ってしまうと、フォロワーが迷ってしまうことにつながります。今の段階ではメインで訴求したいものを1つ、または2つまでのリンクに留めておく運用がお勧めです。

■ 設置するリンクのおすすめの例

例）リスト誘導＋今開催しているイベントページ
例）フロント商品誘導＋顧客の声
例）ショッピングサイト＋顧客の声

ハッシュタグは ジャンルと検索を意識

SECTION 09
4

ハッシュタグは目的を持って選ぶことで、アカウントの成長がさらに加速します。どんな基準でハッシュタグを決めるのかを詳しくお伝えします。

ハッシュタグが大事な理由

Instagramではハッシュタグ検索という機能があり、ハッシュタグを選んでタップをすると、そのハッシュタグが使われた投稿やそのジャンルのアカウントが表示されます。

一般ユーザーは興味があるジャンルの情報をハッシュタグ検索からも見ているので、検索された時に上位に表示されるような投稿をしていくことが大切になってきます。

投稿のハッシュタグをタップすると、そのハッシュタグを使って投稿された他の記事を見ることができます。

投稿インサイト

アクションを実行したアカウント   --
プロフィールのアクティビティ   89

リーチ ⓘ

3,113
リーチしたアカウント

2,614 フォロワー ●   **499** ● フォロワー以外

インプレッション   **4,082**

ホーム   3,283
プロフィール   419
ハッシュタグ   204
その他   131

ハッシュタグから流入
があると、インサイト
に表示されます。

ハッシュタグを決める

ハッシュタグは、この2つを考えて決めていきます。

①Instagramアルゴリズムに向けたジャンル付け
②ハッシュタグボリューム

それぞれ詳しく見ていきましょう。

■ ①Instagramアルゴリズムに向けたジャンル付け

Instagramアルゴリズムは「このアカウント、この投稿は何のジャンルか」ということを見ています。ハッシュタグの言葉で、アカウントのジャンルをInstagramに教えることができるのです。

ハッシュタグ選びはとてもシンプルです。事前に決めたモデリングアカウントのハッシュタグから拾わせていただきましょう。ジャンル上位のアカウントは間違いなくハッシュタグも考えた運用をされてい

ますので、自分でゼロから探すよりも効率的です。

　モデリング先の投稿の中で比較的「いいね」が伸びている投稿で使われているハッシュタグを30個ほどピックアップしてきてください。

	C	D
	ハッシュタグ分析	ボリューム
	#起業	166
	#起業女子	89.4
	起業家	88.4
	#女性起業家	69.2
	#集客	44.8
	#ママ起業	38.1
	#SNS集客	36.5
	#主婦の勉強垢	35.4
	起業ママ	34.1
	#フリーランス女子	28
	#起業したい	27.4
	起業家女子	14.9
	起業準備	13.7
	#女社長	13.1
	起業支援	12.1
	#起業初心者	8.9
	起業サポート	8.5
	起業家ママ	7.3
	自分らしく輝く	7.2
	#sns起業	6.7
	#集客したい	6.6
	#マーケティング初心者	5.9
	起業女性	5.2

田中紗代のアカウント設計の時に、リサーチしてきたハッシュタグ。

■ ②ハッシュタグボリューム

　続いて、ハッシュタグのボリュームを見ていきましょう。ハッシュタグをタップ→［タグ］に行くと、類似ハッシュタグを含めた投稿数を見ることができます。この数字のことを「ハッシュタグボリューム」と言います。

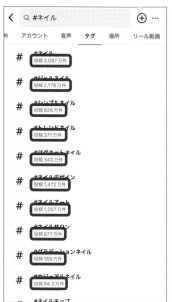

ハッシュタグの下に出ている数字が「このハッシュタグが使われている投稿数」になります。

　ハッシュタグボリュームがあまりにも少ないものは「そのハッシュタグを見る人がほとんどいない」ハッシュタグである可能性が高く、付けていても意味がないものになります。ですが、今はハッシュタグ検索よりもキーワード検索（発見欄でそのまま検索）が一般的になってきているので、そこまでシビアに考えなくても大丈夫です。

　お勧めのボリュームの選び方は、ハッシュタグボリュームが小さいものから大きいものまで満遍なく付けていく形がお勧めです。

例）1000〜1万2個　1万〜5万2個　5万〜10万2個　10万以上2個など

ハッシュタグは固定化する？　毎回変える？

　ハッシュタグは毎回同じ内容を必ずつけるのか？　とよく聞かれますが、基本的には「投稿内容に合ったもの」をつけることが鉄則です。例えば「#Instagram集客」というハッシュタグを付けているのに、その投稿はインスタ集客のことではなく、発信マインドのことだったり

すると、Instagramアルゴリズムが「これはInstagram集客ジャンルではない」と判断してしまい、そのハッシュタグ検索では上位に表示されなくなってしまいます。

　とはいえ、毎回同じハッシュタグを付けることそのものにペナルティなどはありませんので、投稿内容に合っていれば同じハッシュタグでももちろん大丈夫です。

ハッシュタグは何個付けたら正解？

　1つの投稿に最大30個ハッシュタグを付けることができます。単純に考えると、それなら30個付けた方が流入経路が多くなるからお得じゃないか！　と思いますが、実はそうではありません。

　先述した通りハッシュタグは「投稿内容と一致しているもの」しか検索上位に表示されません。ですので、違うジャンルのハッシュタグを複数付けてしまうとInstagramアルゴリズムがこの投稿は一体何なのか迷ってしまい、本来一致しているハッシュタグの足を引っ張ってしまうという現象が起こってきます。

　総合的に考えていくと「本当に投稿に合ったもの」を「必要な数だけ」ということが正解ですが、ではその数が何個なのかというと、6〜15の中であればOK。という形になります。

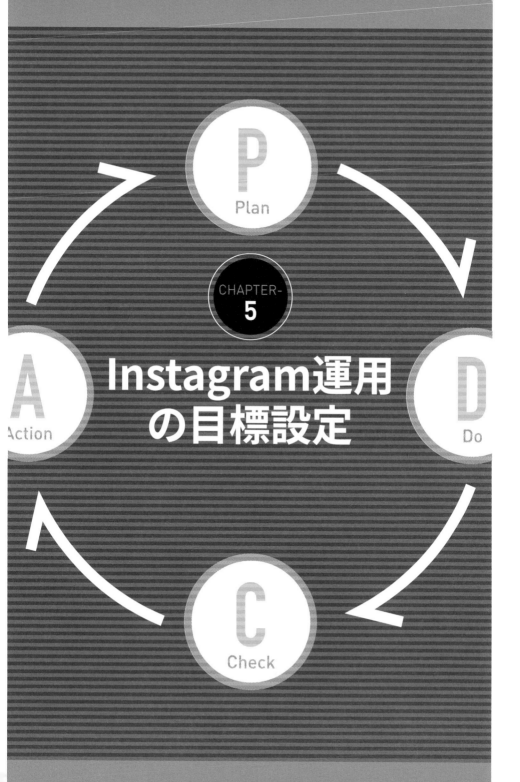

P
Plan

CHAPTER-
5

A
Action

**Instagram運用
の目標設定**

D
Do

C
Check

5 Instagram運営母体 Meta社とは

SECTION
01

世界の時価総額7位の企業Meta社。このInstagramの運営母体であるMeta社の考えを知ることで、Instagram運用の未来の予測も立てやすくなっていきます。

元Facebook社、世界の時価総額7位の会社

Instagramを運営しているのはMetaという会社で、元Facebook社と言われた方がピンと来る方が多いかもしれません。Meta社はFacebook、Instagram、日本では一般的ではありませんが、世界180か国で20億人以上が利用しているWhatsAppの運営会社です。

現在はメタバース（仮想空間）を表す「META」という言葉が社名に使われている通り、現在は仮想現実（VR）や拡張現実（AR）を活用した次世代の「複合現実」体験ができるプラットフォームの構築事業、AI開発にも力を入れています。

Meta社はミッションを「コミュニティづくりを応援し、人と人がより身近になる世界を実現します」と掲げており、安心して発信できるコミュニティの場を提供すること、そしてビジネスの機会を促進することを理念として掲げています。

収益の大半はFacebook、Instagramからの広告収入

超巨大企業のMeta社ですが、その収益の98%はFacebook、Instagramなどのsnsの広告収入で運営されています。つまり、Meta社は広告によって成り立っており、できる限り私たちユーザーに多くの広告を見せたがっているのです。

では、どうすればたくさんの広告をユーザーに見てもらえるのか？

その答えはできる限り長くSNSの中に滞在してもらうことです。長く滞在すれば目にする広告も増えていきます。

　YouTubeやTikTokなどの他のSNSメディアと、ユーザーの滞在時間の奪い合いをしている状態が、今のInstagramの運営母体の現状なのです。

伸びるアカウントになる重要ポイントはユーザーの滞在時間

　以上のことからMeta社は「ユーザーが長く滞在したくなるような運営をしているアカウント」を歓迎しています。他のSNSよりもInstagramに長くいたくなる有益なコンテンツ、フォロワーとの密な交流、そんな活動をしているアカウントはInstagramの中で自然と伸びていきます。

　私のフォロワーは私のアカウントを何度も、ずっと見たくなるかな？

　私のフォロワーはずっとInstagramの中を楽しんでくれているかな？

　そんな視点で運営をしてみてください。

5 Instagramアルゴリズムの理解

Instagramアルゴリズムと仲良くなると、自分でどれだけの人に届けるか、誰にこの発信を届けていくかを自分の意志で選べるようになっていきます。

シグナルを利用して狙い通りのジャンル指定をもらう

　今このページを開いているみなさん、一度手をとめて、ご自身のInstagramを開いてみてください。（ビジネス用ではなく個人用の方で）そして左下の2番目、虫眼鏡マークをタップして表示される発見欄を見てください。

　いかがでしょう、どんな投稿が載っていますか？　面白い画像や、知りたいと思っていたこと、興味を惹かれる投稿が載っているのではないでしょうか？　（ちなみに今日の私の発見欄は美容、メイク、ダイエットの情報ばかりでした）これはInstagramのアルゴリズムが、あなたのこれまでのアプリ内での行動から、あなたにぴったりにパーソナライズされた情報を届けるように最適化しているからなのです。

　私たちが日々Instagramを利用するときに行っている、何千ものあらゆる行動が「シグナル」となり、Instagramの内部AIに届いています。このシグナルを上手に利用できると、無駄のないアカウント運用につながっていきます。

　もし、自分のアカウントの発信ジャンルが「ダイエット」だったとします。一生懸命ダイエットのハッシュタグをつけ、ダイエットに役立つ記事を書いています。でも……あなた自身がそのアカウントを利用して、自分が興味があるからと、アパレルのアカウントや資産運用のアカウントばかりフォローして見ていたら……実はその行動からも

全て「シグナル」が飛ばされているので、InstagramAIはあなたのアカウントジャンルを正しく認識できなくなってしまいます。その結果、せっかく頑張って書いたダイエットの記事が、ダイエットジャンルを求めている人に届かなくなってしまうのです。

　このアカウントはダイエットジャンル、というシグナルだけを飛ばすためには、フォローするのも、いいねするのも、ダイエットジャンルのアカウントだけにします。すると、InstagramAIは確実にダイエットジャンルであなたの投稿を表示してくれるようになっていきます。

いいね<コメント<保存

　フィード・リール投稿は「いいね・コメント・保存」のリアクションが多いものが「エンゲージメントが高い投稿」として評価され、エンゲージメントが高くなるほど比例してリーチ数も伸びていきます。

　要は、「みんながリアクションしている＝きっとよい投稿に違いないから、他の人にも見せてあげよう」とInstagramAIが判断しているというわけですね。

　エンゲージメント優先順位は「いいね<コメント<保存」の順番で、保存数が圧倒的に大事です。ついつい目に見えやすい「いいね」の数ばかりに目が行きがちですが、いいねが多い投稿よりも、保存数が多い投稿の方がリーチが伸びる傾向があります。

インサイト画面はまず
この３つの数字をチェ
ック。
①いいね
②コメント
③保存

　保存数の目標は、最初はリーチ数の1〜3%を目指して運用していき
ましょう。もちろん、パーセンテージが高い程、その後リーチが伸び
やすくなります。

インサイトに出ない重要な指標【滞在時間】

　インサイトのどこにも表示されない、でも実は大切な指標がありま
す。それは「滞在時間」です。あなたの投稿を訪れたユーザーが一体
何秒間、あなたの投稿に滞在し続けたのか？　という数値になります。
この滞在時間は私達利用者からは見えませんが、シグナルが送られて
いる情報の一つになり、「滞在時間が長い＝じっくり見ている＝よい投
稿なのだろう」という判断がされていると予測されます。

　滞在時間を長くするにはどうしたらよいのか？　ぜひ工夫をしてみ
てください。具体的な施策については次のCHAPTER-6で詳しくお伝え

していきます。

新規獲得にはフォロワー外リーチを伸ばす

コツコツ投稿を頑張っていて、それなりに「いいね」はつくのになぜかフォロワーが増えない。そう感じている方は、インサイトのリーチの項目にある「フォロワー外リーチ」のパーセンテージをチェックしてください。新規フォロワーが伸びていないアカウントはほとんど「フォロワー外リーチ」の％がとても低くなっています。

リーチ428の中でフォロワー外は15。
この投稿はほとんど拡散されていないということがわかります。

つまり、投稿しているのにフォロワーにしか届いていない、だからそれ以外の人にも見てもらえないのでフォロワーも増えない、ということになります。では、どうすればフォロワー外のリーチを増やせるのかというと、以下の2種類の方法があります。

①投稿の価値を上げる

②フォロワーとのエンゲージメントを上げる

■ ①投稿の価値を上げる

　思わず保存したくなる、何度も見たくなる、人にシェアしたくなる投稿がInstagramの中では評価される投稿になります。価値が上がるような投稿作りについては、CHAPTER-6とCHAPTER-7で詳しく解説していますので、一つ一つ実践をしてみてください。

■ ②フォロワーとのエンゲージメントを上げる

　私たちが新しい投稿をすると、まずはこれまでのエンゲージメントの高い（仲良し度の高い）ユーザーのタイムラインに表示されます。そしてその人達からのエンゲージメントがよいと（いいねや保存が多いと）「この投稿はよい投稿だ」として、エンゲージメントがそこまで高くないユーザーや、フォロワー外の発見欄にも表示されるようになっていきます。つまり仲良し度の高いアカウントが少ないとその「初速」がつかず、フォロワー外にもリーチが広がらなくなってしまうのです。

　ではどうすればフォロワーとのエンゲージメントを高くできるのかというと、答えはストーリーズとDMにあります。

ストーリーズは10%が合格ライン

　ストーリーズは、フォロワーとのコミュニケーションを取れる機能が多く用意されており、フォロワーの興味があること、楽しめること、共感してもらえるようなことを投稿をすることで、エンゲージメントは大きく変わります。

　ストーリーズは「閲覧数」でエンゲージメントの高さを測ります。通常はフォロワー数に対して10%が合格ライン、30%以上になると非

常にエンゲージメントが高いストーリーズ運用ができていると言える
でしょう。ただし、アカウントの規模によって閲覧率は大きく変わり
ます。フォロワーが300名未満くらいの時はエンゲージメントは50%
を超えることは多くありますが、フォロワーが1万人を超えてくると
10%を下回ることも珍しくありません。

　ストーリーズの閲覧数は「インサイト」の「ストーリーズ」から見
ることができます。

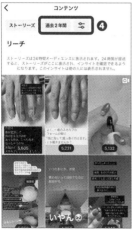

①右上の3本線マーク
をタップ。
②インサイトをタップ。
③ストーリーズをタッ
プ。
④指定した期間のスト
ーリーズのインサイト
情報を見ることができ
ます。

Instagram集客基本の流れ

5

SECTION 03

改めてInstagram集客の流れを整理していきましょう。すでに運用がスタートしている方は、この集客の流れができているかセルフチェックしてみてください。

Instagram集客の３段階のアプローチ

今までInstagramやSNSがきっかけで、何か商品を購入したことはありますか？　ぜひその時の流れを思い出してみてください。

ここにInstagram集客の3段階のアプローチが見えてきます。未来の顧客は、いきなり商品を購入することは滅多にありません。

多くの場合、まず知って（認知）色んな情報を集め、何度も接触し、検討し、ここなら大丈夫（信頼）と思って、そして購入するきっかけ（行動）があった時に購入につながります。

つまり集客は［認知］→［信頼］→［行動］の3段階のアプローチが重要になってくるのです。

認知⇨信頼⇨行動の3ステップをつくる

認知して、信頼して、行動する3つの流れについて各ステップで有効な行動を以下にご案内します。

Instagram集客フロー

認知 ➡ 信頼 ➡ 行動

認知	信頼	行動
検索	DM	投稿の最後にリスト誘導
発見欄	ライブ	ストーリーズでオファー
いいね、コメント	コメント	ライブでオファー
相互フォロー	ストーリー	DMからオファー
他の人の投稿やライブ	記事	
など		

■ ステップ1　認知を広げる

　新しいフォロワーと出会っていく、フォローしてもらうまでが認知段階となります。

- 発見欄、検索画面で見つけてもらえるフィード投稿をアップする。
- 知ってもらうために、こちらからいいねやコメントをする。
- 同ジャンルのアカウントであれば相互フォローも有効。
- 他の人の投稿でメンションをつけて紹介してもらう。
- 知ってもらうために、他の人とのコラボライブを行う。

■ ステップ2　信頼を獲得する

　すでにフォロワーになった人が、あなたのアカウントと何度も接触して、信頼を高めていく段階です。

- 共感や顧客教育につながるフィード投稿をアップする。
- ストーリーズでフォロワーとコミュニケーションをとる。
- コメントで双方向のやり取りをする。
- ライブでリアルタイムの交流をする。
- DMでクローズドな交流をする。

■ ステップ3　行動喚起する

　こちらから背中押し「行動喚起」をすることで、何もしない多くの方に行動してもらい、集客力を一気に上げていきましょう。

- フィード投稿の最後にキャンペーンのお知らせやリスト誘導の案内を入れる。
- ストーリーズで商品やリストへ誘導。
- ライブで商品の価値を伝え販売。
- DMで交流を深め商品を提案。

　私たちのアカウントを訪れた人は、必ずこれら３段階のどこかのフェーズにいます。でも、私たちには誰がどのフェーズにいるかは把握できません。だから3つのステップの行動を途切れさせないように、いつも認知を広げる、いつも信頼獲得をする、いつも行動喚起をすることを忘れず運用していきましょう。

フォロワーは質が重要

　フォロワーは「将来的に購入してくれる可能性のあるアクティブで質の高いユーザー」に、ある程度絞っても問題ありません。絞るということは、大量にフォロワーを集めなくていいということです。

　数年前までの Instagram集客では、まず数（フォロワー）を大量に集めて、そこから興味がある人に商品を販売していく、という流れが一般的でした。しかし、その流れで集客を行うとフォローしているのに投稿やプロフィールを見ないという「死にフォロワー」が増えてしまうのです。

　アカウントの中で「死にフォロワー」が増えていくほど、アカウント全体のエンゲージメントが落ちていきます。そしてだんだんと「フ

ォワーが多いのに」見られていない、売れない、成長しないアカウントになってしまいます。

　だからこそ、最初から質の良いフォロワーを集めるための投稿を意識して作ってみてください。

とりあえずコミュニケーションが大事

　時々、Instagramのアルゴリズムやマーケティングをまったく勉強していないのに、驚くほど伸びているアカウントがあります。時流に乗れている、ビギナーズラック、色んな側面がありますが、こういった方々はほぼ100%「フォロワーとの交流を心から楽しんでいる」のです。

　ついつい「集客脳」になると忘れがちですが、本来SNSとは集客ツールではなくコミュニケーションメディアなのです。たくさんの人が楽しんで、みんなと交流が活発になるように作られています。それを忘れて「攻略」ばかりに目がいくと、肝心のInstagramを触る時間やフォロワーとの交流が減って、勉強した割にはアカウントが育たない……なんて本末転倒な結果になってしまうこともあります。

　本書ではこの後の項目で、数字のことも、少し複雑な機能のこともお伝えしますが、それを完璧に覚えるよりも、Instagramの中でたくさんコミュニケーションを取っている方が、実は近道になることを忘れないでください。

運用のゴールと基準数値を決める

SECTION 04

運用をスタートする時に「何となく」始めてしまっていませんか？　どのくらいの数字になれば合格なのか「指標」を手に入れて迷いなく運用を進めていきましょう。

重要！　Instagram運用の目的（KGI）を明確にする

　まずは、このアカウントを運用する目的を数字で明確にし「目標値」決めましょう。自分はInstagramを運用することで、どんな結果を得たいのか、明確な数字を書き出してみてください。

■ 目的達成のための目標値例

例）四半期に一度のキャンペーンでInstagramから500万の売上
例）毎月3件新規の予約をInstagramから獲得する

　ご自身のビジネスで数値化できる明確な目標値を立て、この目標値に向けて戦略を立てていきます。この段階で間違っている目標値の立て方としては「3ヶ月でフォロワーを1000人増やす」「毎投稿いいね300件」などがあります。フォロワー数やいいねの数は「手段」であって「目的」ではありません。このアカウントを運用する最終ゴール「目的」を決めましょう。ほとんどのアカウントの場合、集客数や売上額が目標値になってくるはずです。

目的を達成するための指標（KPI）を明確にする

　もしアカウントの運用目的を「毎月5名の新規集客」と定めたとします。では何をすればその目標値が達成できるのか、どのくらいの数

やパーセンテージで運用できればよいのかを逆算して考えて、数字の仮説目標を立てていきましょう。

例）運用目標ー毎月5名の新規（フロント）集客
　　　ーリストからフロントへの誘導率は30%
　　　ー毎月15件のリスト登録

　ここまで逆算して計算したら、次はInstagramで「毎月15人のリスト登録」を目指す運用をする為の指標を設定していきます。

　では、毎月15人のリスト増加を目指していくためにはどんな数値を目標にすればよいでしょうか？

■ 15人リスト増を目指す例

①プロフィールのリンクをクリックしてリストに登録されるので、プロフィールリンククリック登録率20％と仮定。
②15リスト獲得のためには75リンククリックが必要。（15÷20%=75）
③75件のリンククリックを獲得するには、リーチが必要。リーチ数からのリンククリック率を2%と仮定。
④75件のリンククリックを獲得するために月間3,750リーチが目標。（75÷2%＝3,750）
⑤1ヶ月の運用目標は3,750リーチ獲得。

※複雑に感じるかもしれませんが、ここからさらに詳しく解説していきますので、今はなんとなくの理解で大丈夫です。

Instagramセールスファネル

　運用の目標値は出せても、初めて集客活動をする時は、一体何人の人が商品を買ってくれるのか、何人の人がリストに登録してくれるのか分かりませんよね。これは、正直なところ実際に動かしてみないと分かりませんし、業種や商品形態、価格帯によってもかなり数字が変わってきます。

　しかし、わからないからと言って闇雲に走り始めてしまうと、地図もないのに旅に出てしまうようなものなので、仮のものでもよいから数字で計画を立てることが重要なのです。仮の数字予測を立て、運用して見えた数字が外れてしまった所があれば、改善をすることができます。

　もしこれが、何の数字予測もないと、改善するポイントも分からないので闇雲運営になりやすいのです。

　ここで重要になってくるのが「セールスファネル」を意識して、運用をしていくことになります。セールスファネルとは、潜在顧客が顧客化していくプロセスを段階的に示したものです。段階的に顧客数が絞られていくため、漏斗（ファネル）のようなイメージで表現されます。

　それでは、初めて運用される方に向けて、セールスファネルは大体このくらいの指標で考えたらよいですよ、という枠組みをお伝えします。

　先述したInstagram集客の3段階のアプローチで、潜在顧客の数は以下の図のように絞られていき「購買」する「顧客」となります。

［認知エリア］→10%→［信頼構築エリア］→3%→［購買エリア］

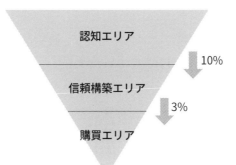

CHAPTER-4で決めたInstagramの入り口出口「集客導線のパターン」に当てはめて考えてみてください。以下の3つのパターンのどれにするか決めましたね。

①Instagramで販売まで動線を作るパターン
②Instagramから自社サイトに誘導するパターン
③Instagramからリスト誘導、リスト内で教育販売するパターン

例えば、パターン③のInstagramからリストに誘導し、リスト内で教育販売していくパターンの場合はこのように当てはめます。

［認知エリア］Instagramフォロワー数　　→1000
［信頼構築エリア］LINEなどのリスト数　→100
［購買エリア］実際の購入数　　　　　　→3

フォロワー数1000なら、リストは100件、購入は3件という指標になります。

ただし、アカウントのエンゲージメントが非常に高ければ、認知から信頼構築エリアまでのパーセンテージが30%を超えることがありま

すし、リスト内の教育がよければ購買パーセンテージが10%を超えることも珍しくありません（もちろん、その逆で全ての数字が下回ることもあります）。

　指標の数字と、結果の数字を見比べて、数字が悪ければ改善点がはっきりします。次に結果の数字を計測する方法についてお伝えします。

インサイトで計測可能な数字

　目標とファネルが定まったら、次は「目標値達成の数字をどこで確認するのか」を見ていきます。

　まずは、Instagramインサイトで計測可能な数値を確認しましょう。

■ ①リーチ数

　投稿が何人のユーザーに表示されたかの回数を指しています。人数でカウントされますので、同じ人が何回表示してもリーチは「1」となります。

■ ②インプレッション数

　投稿がユーザーによって表示された回数のことを指しています。リーチ数と違う点は純粋に回数を表示するので、同じ人に何回も表示されている回数も含まれます。

■ ③プロフィールへのアクセス数（プロフィールアクティビティ）

　自分のアカウントのプロフィール画面へ、他ユーザーがアクセスした回数を指します。プロフィールをわざわざ見に来る＝関心が強いユーザーであると言えます。

■ ④エンゲージメント数

　エンゲージメント数は投稿に「いいね」や「コメント」や「保存数」

がついた数のことを指します。

■ ⑤投稿の保存数

フィード投稿が保存されている件数を指します。保存が多いほどリーチ、インプレッションが確実に伸びるので、運用の指標になりやすい数字になります。

■ ⑥プロフィールリンクへのクリック数

プロフィール欄のリンクをクリックした数を指したものになります。投稿からプロフィールへ行き、さらにリンクまでクリックするのはかなり関心度の高いユーザーだと予測できます。

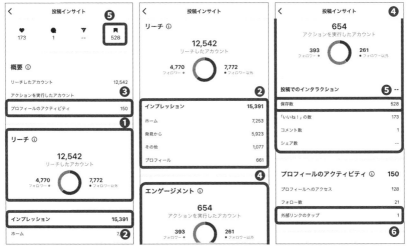

①リーチ数　②インプレッション数　③プロフィールへのアクセス数
④エンゲージメント数　⑤保存数　⑥プロフィールリンクへのクリック数

集客ならリンククリック数をチェック

続いて、目標達成をするためにどの指標を計測していくかを決めます。集客のためならプロフィールのリンククリックの数字を追いかけ

ていきましょう。

　初めて目標を設定する時は「1ヶ月に15人のリスト誘導なら、クリック→リストへの登録率を5人に1人（20%）に設定して、1ヶ月あたり75クリックを目標にしよう」というような形で仮説を立ててスタートしていきます。

　では、リンククリック率はどのくらいであれば合格なのか？　というと……

　投稿のリーチ数に対して

- **プロフィールアクセスが10%**
- **リンククリックが1～3%**

あれば合格ラインとなります。

■ 15人リスト増を目指す場合の例

月間リスト入り15件目標・登録率20%（1件当たり5リンククリックが必要）
　ーリンククリック月75クリック目標
　ーリンククリック率2%と仮定（1クリック当たり50リーチが必要）
　ー月間リーチ目標数3,750リーチ（50リーチ×75クリック＝3,750）

　つまり、リスト15件獲得が目標であれば月間3,750リーチを目指して運用すればOK。ということになります。

5 運用の指標を実践活用

SECTION
05

ここまでお伝えしてきた「運用指標」をまとめました。このページをいつでも見れるようにプリントアウトして張り出すか、PCのデスクトップに貼り付けてご活用ください。

週に1回の計測でアカウント運用のテスト改善を行う

【計測した方がよい項目】
- リーチ数
- フォロワー外リーチ率
- 保存数
- 保存率
- プロフィールクリック数
- プロフィールクリック率

※保存率とプロフィールクリック率はインサイトには載っていないので計算式を入れておくと便利です。

運用指標のまとめ

アカウント運用のゴール（KGI）	自分で設定
プロフィールクリック率	リーチ数に対して1〜3%
保存数	リーチに対して1〜3%
フォロワー外リーチ	50%以上
ストーリーズ	合格ライン：フォロワー数に対して10%
	推奨ライン：フォロワー数に対して30%
投稿時間	7時、12時、21時
投稿頻度	合格ライン：2、3日に1回
	推奨ライン：1日1回
DM	1週間で100件

　毎日計測できるとベストですが、最低1週間に1回、計測と分析をしていきましょう。この時、ポイントとしてフィード・リール投稿は投稿した初日ではなく、1週間くらい経ってから数字を拾った方が、正

確なデータを取ることができます。投稿して1週間未満のポストは計測を翌週からに回してよいでしょう。

アカウント運用シートに記入していこう

　計測にはエクセルやGoogleスプレッドシートの利用がおすすめです。私の会社では、全ての投稿を投稿1時間後＋1週間後に2回計測するようにしていました。細かく数字を取っていくと、やはり1週間経って伸びている投稿は初速がよい（他の投稿よりもエンゲージメントが高い）傾向にあることがわかってきます。

	投稿日	タイトル	うちフォロワー外	フォロワー外のリーチの割合	いいね数	コメント数	保存数	再生回数	リーチ数	うちフォロワー外	フォロワー外のリーチの割合
			N	O	1週間後 P	Q	R	S	T	U	V
3	05/09(火)	SNSの顔出しは必須？	349	56.3%	113	2	7	—	1108	667	60.2%
4	05/09(火)	「時間がない」それ本当ですか？	107	23.8%	122	1	19	—	636	214	33.6%
5	05/10(水)	起業から3ヶ月で利益を出した方法	63	14.3%	132	0	22	—	604	141	23.3%
6	05/11(木)	優柔不断でも成功できる	38	8.9%	118	4	10	—	563	85	15.1%
7	05/12(金)	借金1000万からの復活	19	4.7%	145	0	14	—	529	59	11.2%
8	05/13(土)	初心者でもすぐ試せるAI活用	13	4.6%	60	1	1	—	404	56	13.9%
9	05/14(日)	多くの人が間違っているメンタル…	70	15.2%	92	5	5	—	766	302	39.4%
10	05/15(月)	悪送という生き方	21	5.5%	144	5	9	—	636	163	25.6%
11	05/16(火)	売るのが苦手 どうすればいい？	26	9.2%	76	0	10	—	425	95	22.4%
12	05/17(水)	現在ワンオペ中！家事を全力で運…	15	3.8%	98	4	3	—	588	76	12.9%
13	05/18(木)	だから売れないどっちのタイプ？	6	1.8%	66	1	5	—	495	89	18.0%
14	05/19(金)	自己紹介します	40	11.5%	85	3	5	—	492	105	21.3%
15	05/19(金)	フォロワー1.4万人のアカウントを…	79	18.8%	65	0	5	392	489	114	23.3%
16	05/20(土)	知らないと損する 起業3ステー…	37	12.2%	66	0	9	—	411	83	20.2%
17	05/21(日)	—	—	—	—	—	—	—	—	—	—
18	05/22(月)	ライブフェスタ前夜祭	30	14.5%	40	0	2	218	324	57	17.6%
19	05/22(月)	お金ブロックの外し方	27	6.4%	104	4	12	—	662	—	—
20	05/23(火)	誰でもできる理想の叶え方	4	1.4%	76	0	6	—	368	25	6.8%
21	05/24(水)	みんな知らない経営のお金の話	22	7.0%	84	0	16	—	439	55	12.5%
22	05/25(木)	月商8桁でも週1続けている習慣	19	4.4%	100	4	12	—	571	54	9.5%

　計測したデータを元に「この投稿はなぜリーチが伸びたんだろうか？」と考え、その投稿の数字や投稿方法を詳しく見ていくと、「伸びた理由」が分かるようになり次の投稿からも伸びる要素を再現できるようになっていきます。

　アカウント運用シートを自分で用意することが難しい方は、目次の次のページに投稿分析管理シートのプレゼントをご用意しています。必要な方はご利用ください。

5 運用ルールを決める

SECTION
06

運用の指標が定まったところで、指標達成のための運用ルールを決めていきましょう。アカウント運用における行動の基盤となります。

最も無駄のない投稿頻度とは？

アカウント運用初期であれば、毎日投稿した方が伸びやすくなります。また、今運用しているアカウントが、エンゲージメントが落ちているのであれば、一旦テコ入れと考えて毎日投稿とストーリーズ、DMを合わせて実践するとエンゲージメントが復活してきます。

ある程度アカウントが伸びる波に乗っていれば、質の悪い投稿を毎日するよりも、質のよい投稿を2日に1度、3日に1度くらいのペースに落として問題ありません。

逆に、1日何度も投稿するのはアルゴリズムの評価が悪く、無駄になってしまいますので、多くても1日1回に留めることをおすすめします。

まとめると、投稿頻度は2〜3日に1回。ですが、アカウント運用初期とアカウントのエンゲージメントが下がってしまっている場合は、毎日投稿が望ましいです。

何時に投稿が正解？　3つの投稿時間で初速を伸ばす

Instagramの投稿は1日で一気に爆発的に伸びるわけではなく、投稿してから数日、場合によっては1週間以上かけてジワジワと伸びていきます。なので「〇時に投稿したら爆発的に伸びる」というものは基本的にはありません。

151

ただ、基本的にはアクティブユーザーが多い時間を狙って投稿することが鉄則です。その時間に投稿すると、まずはフォロワーの方々が投稿直後から反応してくれます。そうするとその記事の初速がついて「短時間でこれだけのエンゲージメントがあったから、きっとよい記事に違いない」とアルゴリズムが判断し、拡散されやすくなるきっかけを作れるのです。

　では、何時に投稿したらよいのか。
　[7時][12時][21時]の3つのパターンが現在はおすすめです。
　Instagramのアクティブユーザーが最も増えるのは20〜22時となりますがターゲットの属性により多少前後します。一般的なアカウントは21時台が最もアクティブになる傾向が強いので、そのタイミングに投稿をすることがおすすめです。
　ですが、競合ももちろん考えることは同じで、ジャンルによっては21時台は投稿ラッシュが起こり、埋もれてしまうことも非常に多くあります。

　そこで、次のタイミングとしておすすめなのが朝の通勤時間に見てもらうことを狙った7時投稿、またはお昼休憩の時間を狙った12時投稿の2つのパターンになります。自分のターゲットの人だったら、どのタイミングに見てくれる可能性が高いだろうか？　と考えて投稿時間を決めてください。また、投稿は常に同じ時間に投稿すると、フォロワーが楽しみに待ってくれるようになるので、いつも同じ曜日、同じ時間の投稿ルールを守っていきましょう。

　プロアカウントにしていれば、予約投稿ができるので週に1度まとめて作業日を作って、一気に投稿をしておくこともおすすめです。

ストーリーズは1日1〜2回集中的に

　ストーリーズは24時間で消えていく投稿なので、途切らせずに毎日投稿が基本となります。一日何度も更新する方がいますが、あまりに多くの投稿（1日10投稿以上）をすると、逆に1件1件のエンゲージメントが下がってしまう傾向があります。

　無駄のない運用という視点で考えると、質のよいストーリーズを時間を決めて一日1回または2回更新で十分です。フィード投稿と違って基本的には予約投稿ができないので運用者のライフスタイルの中で更新しやすい時間を毎日決めて運用するスタイルがおすすめです。

DMは1週間で100件目標

　DMを色んな方と相互に送り合うと、自然とInstagramの滞在時間が伸びていきます。お互いにDMをやり取りしているアカウントは、タイムラインで上位に表示されやすくなっていくので、エンゲージメントを高めるために積極的にDMを送り合いましょう。

　こちらのストーリーズへの返信、相手のストーリーズに共感した時のメッセージ、フォローしてもらったお礼など、コミュニケーションのきっかけを見つければそこまで難しくはないはずです。

　目安は1週間に100名との交流。100名の確実に見てくれる濃いフォロワーが集まると、自然に成長し合うアカウントに成長していきます。ただし、気をつけたいのがスパムのような機械的なメッセージです。定型文のようなメッセージは、むしろ敬遠されてしまいますし、返信ももらえません。一方的なDMでは効果がないので「双方向のDM」になるコミュニケーションを意識していきましょう。

フォロワー1000人にいくまでの目安期間

　フォロワー数と集客数は比例しません。フォロワー300人でもしっかり集客できている、エンゲージメントの高いアカウントもあれば、フォロワー2万人でもほとんど集客できていない薄いアカウントも存在します。

　では、どのくらいのフォロワーを目安に、最初は運用をしていけばよいのかというと、セールスファネルの入り口である認知エリアに、まずは1000人を集めることを目標にすることがおすすめです。

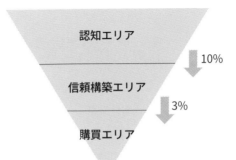

　なぜ1000人なのかというと、どんなジャンルであっても認知エリアに1000人いれば1人は集客ができるからです。逆に、フォロワーが1000人いても集客ができていない場合は、そのままフォロワーを増やすよりも、集客の2つ目と3つ目のステップ「信頼構築」「行動喚起」を改善した方が、結果につながります。

　では、どのくらいでフォロワー1000人になったら合格なのか？　もちろん、ジャンル規模や運用目的にもよりますが、3ヶ月で1000人を目標に行動をすることをお勧めします。本書でお伝えしていることを3ヶ月間実践すれば、間違いなく、どんなアカウントでも1000人フォロワーは叶います。ぜひ期日を決めて取り組んでみてください。

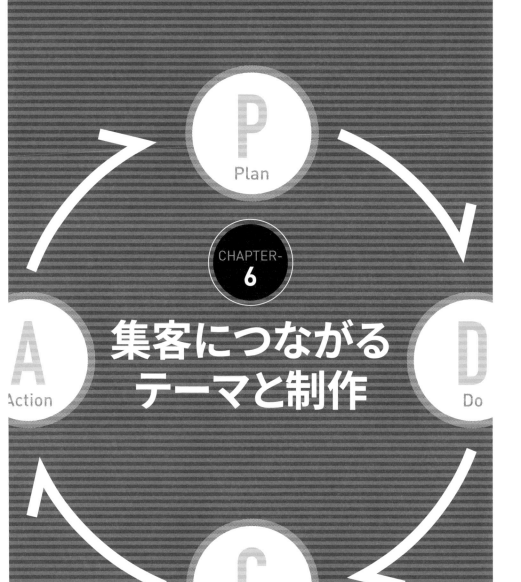

P
Plan

CHAPTER-
6

D
Do

集客につながる
テーマと制作

C
Check

A
Action

6 集客を始める

SECTION 01

ここまで設計と指標について深く理解してきました。いよいよ運用スタートです。どんな記事を発信すればアカウントが成長し集客につながるのか具体的に解説します。

新規フォロワーが増える投稿

新規フォロワーが増える投稿とは自分のメインジャンルの外まで届き、一般層の人たちから見ても「面白い」「有益だ」と思われる投稿です。

例えば、私の会社のアカウントではネイルジャンルで発信をしていますが、「サロン経営」の発信をすると、リーチは数千までしか伸びません。サロン経営に興味があるのはプロのネイリストであり、しかもサロン開業を考えている。もしくはすでに経営をしている人だけなので、その話題に関心がある人がとても少ないのです。

「ネイルサロンの時短テクニック」というジャンルで投稿すると、ネイリストにしか分からない話題なのでリーチ数は数万件止まりになることが多くなります。

「今のトレンドネイルデザイン」というテーマで投稿すると、ネイリストだけでなく趣味でネイルを楽しむ人、ネイルに関心がある人全てが対象になるのでリーチは数十万まで伸びるジャンルとなります。

「今のトレンドネイルデザイン」というテーマの投稿が、「フォロワーが増える投稿」ではありますが、ターゲット以外の層を多く集めることになり、集客にはつながりにくくなるというわけです。

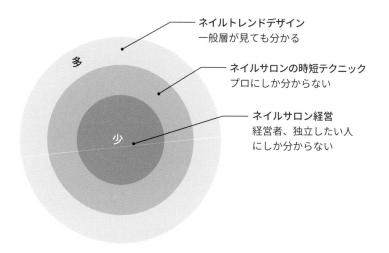

ネイルトレンドデザイン
一般層が見ても分かる

ネイルサロンの時短テクニック
プロにしか分からない

ネイルサロン経営
経営者、独立したい人
にしか分からない

多

少

集客につながる投稿

　集客で大切なことは、自社の商品が本当に必要で、心の底から欲しい！　と思ってくれるような人を集めることです。ターゲットにハマる人をなるべく多く集めた方が、集客には効果的なのです。

　ターゲットの無意識の心理に迫る投稿をすることで、ターゲットが「このアカウントは私にピッタリだ！」「私の為のアカウントだ」と感じるようになります。このような投稿を続けると、ファンが増え、自然と売れていくアカウントに成長できるのです。これが「集客につながる投稿」です。

バズりすぎると集客力が落ちる理由

　1つの投稿がバズることでアカウントが急激に成長すると、本来自分の届けるべきターゲット層から外れた人も、フォロワーとして多く流入してきます。そういったターゲット外の方は「何となく面白そうだから」「何となく話題になってたから」という理由でフォローをしているので、他の投稿を見た時にあまり興味を持ってもらえず、いいね

も保存もしないので、徐々にエンゲージメントが落ちていきます。この「エンゲージメントが落ちる」ことが致命的なのです。

　Instagramはエンゲージメントが落ちると、相手のタイムラインに表示されなくなっていくのです。

　大きなバズりが起こると、ターゲット外の人たちが流入しやすくなり、「アカウント全体のエンゲージメントが下がっていく＝死にフォロワーが増える＝アカウントの影響力が落ちる」ということが起こっていきます。

　バズることは、集客においては必ずしもよいことではありません。

　ターゲット層に向けて正しくバズることを目指しましょう。一般層（ターゲット外）までは届かなくてもよいのです。「プチバズ」を狙って運用していきましょう。

6
SECTION 02

伸びる発信テーマと投稿作成のコツ

拡散する「伸びる投稿」を定期的に打ち出してフォロワーを増やし、その後「集客につながる投稿」でファンを作る、2段構え戦法でアカウントを育てていきましょう。

伸びる投稿はリサーチ9割

　CHAPTER-4でお伝えしたリサーチで、どんな投稿が伸びるのか、予測がついた方も多いと思います。Instagramの中で伸びる投稿はジャンルと時節ごとに、ある程度鉄板のテーマが決まっています。伸びる投稿のリサーチは、まずはモデリングアカウントを見にいくことからスタートします。

　伸びる投稿はこの3つの視点から探してみてください。

①モデリングアカウントが同じテーマで何度も書いているもの
②同ジャンルのトップアカウントが共通して書いているもの
③モデリングアカウントの中で「いいね」「再生回数」が多いもの

　それぞれをさらに詳しく解説します。

■ ①モデリングアカウントが同じテーマで何度も書いているものを探す

　モデリング先のアカウントを、過去100投稿くらい、さかのぼってみてください。その中に、ほぼ同じテーマの内容で2回も3回も投稿しているものが見つかります。これこそが「鉄板ネタ」です。伸びるから何度も投稿しているので、私たちも同じテーマで書くと伸びる可能性が高くなります。もちろん、内容の丸パクリはNGですので「テーマは同じ・中身は自分の言葉」で書いていってください。

■ ②同ジャンルのトップアカウントが共通して書いているものを探す

　自分と同じジャンルでトップのアカウント（リサーチした中で☆5を付けているアカウント）は、伸びる投稿を熟知しているので結果につながっています。複数のトップアカウントの投稿を見ていき、みんなが共通して発信しているテーマは「伸びやすいテーマ」というお墨付きがあるので、ぜひ私たちも取り入れましょう。

■ ③モデリングアカウントの中で特に「いいね」「再生回数」が多いものを探す

　自分のアカウント以外の数値は、フィード投稿の「いいね」とリールの「再生回数」しか見ることができませんが、ある程度の指標にはなります。いいねが伸びているテーマ、再生回数が伸びているテーマのコンテンツはぜひ取り入れてみましょう。

　アカウントを数年間運用を続けると「これさえ載せていたら伸びる」という鉄板のテーマが溜まっていきます。そういったテーマを30パターン見つけてしまえば、後はそのテーマを少しずつ切り口を変えて、何度でも何度でも「こすって」繰り返していけば、最小労力で伸び続けるアカウントの運用も可能になります。

尖ることで選ばれる

　リサーチをして、モデリングをして結果にワクワクしながら投稿……でもまったく伸びないしコメントも来ない。そんなことはありませんか？　その原因は、テーマはよいけれど中身のクオリティがよくない、という可能性があります。

　コンテンツの中身が当たり障りのない内容になっていませんか？どこかで聞いたようなことを書いても、読み手は「これどこかで聞いたな」「もうこの話知ってるよ」と、一瞬でスワイプしてしまい、まったく読まれないし、心を動かさない投稿になってしまいます。

大事なのは「あなたのオリジナルの意見、オリジナルの考え方」であり、10人全員が賛同する話をしてはいけないのです。他の人と違う意見があるからこそ、そこに共感する人が集まりファン化して、商品の購入までやってきてくれます。競合アカウントと同じテーマでも、あなただけの意見を書きましょう。

文字投稿・画像投稿どちらがよいのか？

　Instagramのフィード投稿は、画像だけで訴求する「画像投稿」と呼ばれるものと、画像に文字を入れて記事として読んでもらう「文字投稿」と呼ばれる2つのスタイルがあります。この2つのどちらの方が集客に有利かは、ジャンルによって変わってきます。

　アパレル、雑貨、インテリア、フォトグラファーなど、ビジュアルイメージが重要な業種の場合は、画像投稿が向いています。文字投稿は情報量は増えますが、どうしても世界観を崩してしまうので、言葉で伝えたいことはストーリーズやハイライトで伝えていく形が主流です。

　コーチ、コンサル、講座など、言葉で伝えた方が伝わる業種では、文字投稿が有利です。また、検索画面において画像に入っている文字も検索対象となりますので、アルゴリズム的な視点でも文字投稿が有利になります。

ネガティブ訴求・ポジティブ訴求

　一言その言葉を聞くだけで、反射的に「もっと聞きたい」「もっと知りたい」と反応してしまう、そんな言葉があることを知っていますか？

　それはタイトルにもある「ネガティブ訴求」「ポジティブ訴求」の2つの切り口です。

　ネガティブ訴求とは、ターゲットの「痛みや悩み」を言語化して伝

えることで「これ、私のことだ」「自分に関係あることかもしれない」とドキッとさせて、ついつい読みたくなるような言葉で訴求することです。

　ポジティブな切り口は、ターゲットの理想の状態を言語化して伝えることで「そうなれたら素敵だな」「それ、もっと詳しく知りたい」と感じさせ、興味を掻き立てられて読みたくなります。

例）ダイエットの訴求のネガティブ訴求、ポジティブ訴求

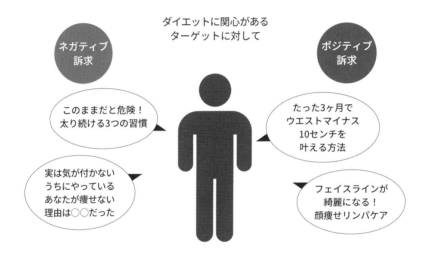

　同じことを伝える時に、ネガティブで伝えた方がよいか、ポジティブで伝えた方がよいか、2つのパターンから考えていくと比較的簡単に、反応のよい切り口を作っていくことができます。

　また、アカウントの中でネガティブ・ポジティブどちらを多く出していくかによって、集客できる顧客層も変わってきます。ネガティブ訴求が強いアカウントは、リスクをしっかり考えている現実的な顧客層、悪い言い方をすると、不安を感じやすい顧客層が集まりやすくなります。

①ネガティブ訴求のパターン　②ポジティブ訴求のパターン

　ポジティブ訴求が強いアカウントだと、エネルギッシュでポジティブ、悪い言い方をすると、地に足がついていないフワッとした顧客層が集まりやすくなります。どちらもメリットデメリットがありますので、バランスを見て運用していきましょう。

教育記事で優良顧客を育てる

　信頼が高まってくると、あなたの商品に興味を持つフォロワーも次第に増えていきます。ですが、その時に顧客は「あなたの商品を選ばない理由」「買うのをやめてしまう理由」を山のように持っています。
　例えば

- お金がない
- 時間がない、今は忙しい

- 家族から反対されるかも
- 周りからどう思われるか不安

など……ビジネスをしているなら、必ず言われることばかりです。顧客が「行動しない（買わない）理由」を抱えている状態のまま販売に踏み切っても、思うように購入していただけないのが現実です。

　顧客教育とは、顧客があなたの商品を買わない理由を事前に消していくことです。顧客がよかれと思って信じている「間違っている思い込み」を、書き換えていくことを指します。販売の前段階で教育がしっかりできていると、顧客の中には「買わない理由がない」状態で販売できるので、非常に購入率が高くなります。

　では、顧客教育記事の書き方についてお伝えします。

①あなたの顧客が思い込んでいる「買わない理由」をリストアップしましょう。

②1つテーマを絞って、なぜ顧客はそう思い込んでいるのか想像して書き出してみましょう。

例）ダイエットパーソナルトレーニングに払うお金がない→貯金がないわけじゃないけど、自分の体に20万円なんてかけちゃダメだと思っている。ダイエットにはお金をかけてはいけない。自分の生活習慣のせいなんだから、自分が頑張ればどうにかなる。

③どう伝えたら「買わない理由」の思考を書き換えられるか、を考えて記事にしましょう。

例）自分の体への投資は一生物。実は〇千万円の投資価値がある、など

　顧客教育は、フィード・リール投稿、ストーリーズでの発信がおすすめです。

顧客教育記事「10枚スライド投稿」の例

正しい 自己投資
間違った 自己投資

Ichの
U∞ Business Academy

今の仕事を始めてから
何年も経つのに
ずっと売れてない

高いランクの資格も取ったし
技術力も磨いたのに
お客様は増えない

試してみてくれたら
良さがきっとわかるのに
そもそも試してもいただけない

「もっと勉強しないといけないのかな」

「もっと値段下げないと
いけないのかな」

「私は起業向いてないのかな‥」

そう思っていませんか?

真面目で努力家な方ほど
実はこういった
「起業の落とし穴」
にはまってしまうんです

あなたが雇われて働く立場なら
腕を磨いたり
専門的な勉強を深めるだけで
お客様からは喜ばれます

でも、起業したら大事なのは
技術や知識といった
「専門スキル」ではなく

集客やセールスといった
「マーケティングスキル」
を学ばないと
結果って出ないんです

マーケティングとは
あなたが持つスキルや情熱を
ちゃんと「お客様が喜ぶ形」
「伝わる言葉」
にして

あなたの商品を喜んでくださる
お客様がいるところで伝えて行き
購入されるまでの流れを
整えていくことです

私自身、
起業した時は本を読み漁り
福岡から東京まで学びに行き

専門スキルよりも
マーケティングを学ぶ事に
お金をかけました

「今、好きなこと (私にとってはネイル) を
勉強するより
先にお金の生み出し方がわかって
出来るようになったら
なんでも選べる、なんでも買える
好きなことの勉強は後でいい」

そう思ってたんですね

その結果
毎年150%成長で
売上が上がるようになりました

このスキルを身につけると
年齢も、業種も、
業界歴の長さも関係なく
集客できて売れるようになるんです

売上が上がれば
そのお金で色んなところに
再投資できますよね

だから、声を大にして言いたい!

起業したら
まず投資するべきは
「専門スキル」ではなく
「マーケティングスキル」
なんです

正しい自己投資、できていますか?

共感記事で「この人だから買おう」という状態に育っていく

　読み手にとって有益な記事を提供し続ければ集客できる。もしそう思っているとしたら危険かもしれません。なぜなら、あなたの競合も同じように、有益な記事をたくさん提供しているからです。有益なだけのアカウントは「たくさんあるうちの一つ」としてフォローはするけれど、購入にはつながらないアカウントになってしまいます。

　では、どのように差別化をすればよいかの答えこそが「共感」です。あなただけの言葉、あなただけの日常、あなただけの想い、そういった「自分にしかないもの」を出していくことによって、あなた自身への関心と共感が高まります。そんな共感記事が「どうせ買うなら、この人から買おう」という状態を生み出していくのです。

　では、共感を生む記事とはどんな記事でしょうか？　共感には「小さな共感」と「大きな共感」の2種類があり、両方を上手に使い分けることでフォロワーとの心の距離を、グッと近づけることができます。

■ 小さな共感

- 日常のネタの発信
- 趣味や好きなものの発信

　ライフスタイルや家族、ペットなど、人は自分との共通点を見つけると好きになる傾向があります。

■ 大きな共感

- あなたがなぜ今のようなビジネスをしているのかのストーリー
- このビジネスを通じてどんなビジョンを描いているのか
- 過去の自己開示、それから学んだこと
- 普段は話さない本音の話

　特にネガティブな過去を見せることで、大きな共感を得ることができます。

私自身の過去の経験（不登校・ひきこもり）をストーリーズでシェアしたところ、大きな反響が寄せられました。

集客につながる フィード投稿

Instagram運用の基本は、骨太なフィード投稿。フィード投稿の質が高ければフォロワーが増えやすく、顧客教育もできてアカウントの集客力が大きく高まります。

基本の投稿は紙芝居10枚

　フィード投稿は1度の投稿で最大10枚の画像、または動画を重ねて投稿できます。この時、できる限り情報量を増やした方が、フォロワーにとって濃い価値提供ができますし、しっかり読んでもらうことによって滞在時間が長くなります。投稿の滞在時間が長いことは、アルゴリズム的には評価が上がり、検索欄などで上位表示のされやすさにつながります。できる限り投稿は10枚で、文字投稿なら、情報量を増やしましょう。

　ただし、わかりにくい文章や、細かい文字だらけだと、離脱される原因にもなりますので、イラストや画像を入れて、分かりやすい構成にすることを意識して作成してください。

　下図のように、吹き出しや画像を使うと見やすくなります。

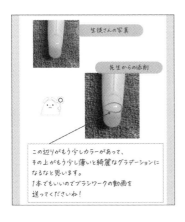

169

フィード投稿は縦型で作り画像1枚目は正方形に文字を入れる

　10枚スライド投稿を作る時の注意点として、1枚目の投稿の文字入れの範囲があります。投稿がプロフィールに表示された時に、文字がはみ出て一部見えなくなることがないよう注意して作りましょう。

　こちらの画像は投稿する時は全体が見えているけれど、プロフィールに並んだ時に文字の下の方が切れてしまっています。

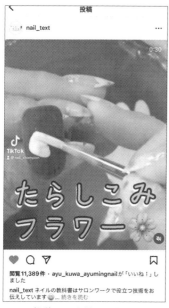

1つの投稿だけを見ると問題なさそうですが……。

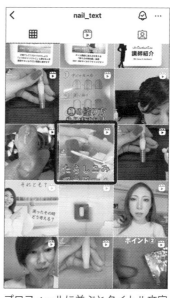

プロフィールに並ぶとタイトル文字が切れて見えなくなってしまっています。

　投稿サイズは最大が縦長: 1,080px × 1,350px、アスペクト比4:5となっています。この中で縦長に作ることで、タイムラインに並んだ時の占有面積が広くなり、多くの人の目に留まりやすくなります。作る時は縦長で作りますが、投稿された後のプロフィール画面では中心の1:1正方形の部分しか表示されません。

　ですので、画像1枚目（サムネイル）では中心の正方形の部分に文

170

字が収まるようにデザインを考えましょう。2枚目以降は上から下まで画像サイズいっぱい使って情報盛り盛りで作ります。

縦長最大サイズ
縦5：横4

プロフィール画面に表示されるのは
この中央の正方形部分だけ

1投稿1メッセージ

発信の鉄則は「1投稿1メッセージ」です。1つの投稿にあれもこれも入れようとすると伝わらなくなってしまいます。この投稿では読み手をどんな状態に連れていくのか、1つテーマを絞って書き始めましょう。

伝えたいメッセージが2つ以上ある場合は、投稿を分けてそれぞれに記事を作った方がメッセージが確実に届きやすくなります。

10枚目に行動喚起CTA

読み手に行動を促すことをCTA（行動喚起・Call To Action）と言います。YouTubeなどでよく「チャンネル登録してね」「高評価してね」などと声かけがありますよね。あれは一定の効果があって、ユーザーに行動してもらえるよう、とってもらいたい行動を具体的にこちらか

ら指定することで、ユーザーが積極的に行動してくれるようになります。

　Instagramでもこのこの CTAは非常に有効です。投稿やストーリーズを見てあなたのことを信頼し始めているユーザーは、次は何を見たらよいのか探しています。その時に「次はこの行動を取ってね」と指定してあげることで、迷わず次のステップに進むことができるのです。

　おすすめのCTAは、フィード投稿の10枚目にCTA専用の画像を作って入れておくことです。このCTAと親和性のあるような記事を毎回書けるとさらにGOODです。

■ CTAの具体例

①アカウント運用初期で、特にご案内するものがない時は「いいね」と「保存」だけでも誘導してみましょう。

②LINEやメルマガ登録でプレゼントなどが用意できたら、ご案内画像を作ります。

　何が得られるのか、どこから登録できるのかを分かりやすく表示しましょう。

　リスト登録誘導以外にも、物販系ならショップページへのご案内、イベントがある時はイベントの告知にも有効です。

6 読まれる表紙の作り方

SECTION
04

フィード投稿の中で特に重要なもの、それは画像1枚目の表紙（サムネイル）です。思わずタップしたくなる表紙を作る方法を具体的にお伝えしていきます。

サムネイルもモデリング

あなたはたくさん並んでいる投稿から、何をタップしようと思いますか？

だれもが判断材料にするのは、画像投稿なら1枚目の画像（サムネイル）、リールなら最初の数秒間です。つまり、たくさんある他の投稿の中で「選ばれるサムネイル」を作れているかどうかが、新規流入を増やす上では非常に重要なのです。

下図の、どの画像が目に止まりますか？

この中で、どの画像が
一番目に留まります
か？

173

サムネイルで重要な要素は2点あります。1つ目はキャッチコピー。思わずタップしたくなるようなキャッチーな言葉を選ぶことが重要です。そして2つ目はデザインです。デザインは、CHAPTER-4で設定した世界観をベースに作りますが、文字が小さすぎたり色合いが優しすぎて目に止まらないと、たくさん画像が並んだ時にはスルーされてしまいます。サムネイルも、最初はモデリングアカウントのキャッチコピーやデザインを研究して、伸びているものはぜひ取り入れさせていただきましょう。

サムネイルの文字は最大20文字ルール

検索画面でこの投稿を見るか決めるのは、0.5秒と言われていて、一瞬で決められてしまいます。

人が一度に認識できる文字数は13〜15文字程度だと言われており、それを大幅に超える文字数は「パッと読めない」ので、離脱されてしまう大きな要因になります。サムネイルの文字数はなるべく少なめに。多くても20文字以内を目指した方がよいでしょう。

反応の取れるキャッチコピーのコツ

思わずタップしたくなる、キャッチコピーのテクニックをご紹介します。

■ 数字を入れる

「たくさん」と言われるよりも「100選」「5つのポイント」「9割が知らない」「3つのコツ」など、数字が入ることによって得られるものが具体的になるので、数字で表現できるものは数字を入れましょう。

■ 簡便性をうたう

簡単そう、便利そう、自分にもできそう。ハードルを下げると惹きつけやすくなります。「楽して〇〇」「毎日3分」「初心者のための」「時短」「小学生でもわかる」など。

■ ネガティブ訴求

ドキッとすると読みたくなります。「知らないと損する」「〇〇の闇」「〇〇の落とし穴」などネガティブフレーズを上手に組み合わせて、相手のインサイトを突きましょう。

■ 圧倒的なメリット

ネガティブとの逆で、強烈なメリットにもやっぱり惹かれます。「保存版！」「神〇〇」「秘密の〇〇」「〇〇を手に入れる方法」など魅力的なフレーズを出してみましょう。

複数の要素を組み合わせてフレーズを作るのもおすすめです。例えば、数字、簡便性、圧倒的なメリットと組み合わせてダイエットのキャッチを作ると「1日1分〇〇するだけでマイナス10kg」となります。

集客につながる リール戦略

大半のアカウントでは、フィード投稿よりもリール投稿の方がリーチが伸びやすい傾向にあります。新規フォロワーを開拓するならリールを戦略的に運用しましょう。

リールは最初の0.5秒で離脱する

　リール（ショート動画）は、コンテンツ内容、顔や表情などの雰囲気、メソッドへの専門性、背景や編集からの世界観など、一度に伝えられる情報量が非常に多いので、信頼度が早く高まりやすく、集客の強い味方になります。

　ですが実はリールは最初の数秒での離脱率が非常に早く、ユーザーは「0.5秒」でこの動画を見るかどうか判断しています。最初の0.5秒を切り抜ければ10秒くらいまでは見てくれるようになります。では、思わず手を止めたくなる0.5秒をどう作るのか？　投稿事例とともにポイントをまとめてみました。

■ ①最初に驚きを与える

何これ？　え？　と驚きを感じる入り口になると、ついついその先が気になって見てしまいます。

投稿事例：私のアカウントでは時々、メイクでキャラ変してコントをしています。真面目なリールよりも伸びやすいのが複雑な気持ちです。

■ ②強い問題提起

ネガティブ訴求のドキッとする言葉を、最初の0.5秒で入れると気になってしまうので再生維持率が高くなります。

「え!?　いけないの!?」とドキッとして思わず見てしまいますよね。

■ ③魅力的なキャッチコピー

先述した「反応の取れるキャッチコピー」を使って思わず知りたい！見たい！　と思ってもらえる1フレーズを冒頭に載せるとリーチが伸びやすくなります。

人気のあるデザイン（ミラーネイル）の「うらわざ」ネイルをする多くの人にとって魅力を感じるタイトルになっています。

トレンドをチェックしよう

リールでは、音楽や構成が数週間単位で目まぐるしくトレンドが変化します。例えば、有名な映画のキャンペーンをやっている時期などは、その映画の主題歌を使うだけでも再生数が伸びやすいなど、トレンドの影響を強く受けるので、今はどんなリールが人気なのかな？といったコンテンツリサーチは、月に1度は行うことをおすすめします。

リール構成は黄金テンプレートを使う

リールを作る上で重要なのは、1本のリール内での構成です。ただ自分が喋りたいことだけをダラダラと喋っていても、聞き手にとって理解しにくく、早期の離脱につながってしまいます。

実は、視聴者の心を掴んで思わず最後まで聞きたくなってしまう「テンプレート」というものが存在します。テンプレートは多くの種類がありますが、本書では応用の幅が広くシンプルで使いやすいPREP（プレップ）法をご紹介します。このテンプレートを試してみて、他のパターンも使ってみたい方は「ショート動画　テンプレート」などで検索してみてください。

■ PREP法とは？

　「結論」「理由」「具体例」「結論」の流れで情報を伝える文章構成のことです。PREP法を使えば、相手の興味を引きながら分かりやすく簡潔に伝えることができます

①結論
　先に結論をいうことで、興味を引きます。
　そのあとを見てもらえるようにして離脱を防ぎます。
例）
　〜〜する には〇〇が大事です！
　〜〜している人は気をつけて！
　「多くの人がまだフォロワーを増やそうとしてしまっているんです！」
　など

②理由
　あなたが伝えたいことをストレートに伝えても多くの人は関心を持ってくれません。
　このあと話す内容が「なぜ」大事なのか？　理由をセットで話すことで納得して最後まで聞いてくれます。
例）
　なぜかというと〜〜だからです。
　どうしてこれを伝えてるかというと〇〇になってしまうからです。

「フォロワーが何万人もいるのに集客はできていない人を山ほど見て
きました……」など

③具体例
　それはつまり具体的にどういうことなのか。身近な例やエピソード
に絡めて話をしていきましょう。見ている人がイメージできる話がわ
かりやすいのでおすすめです。
例）
　例えば〇〇するのは、××するようなものだからです
　あなたの〇〇にたとえると、〜〜みたいな感じです
　あなた自身も、フォローしているアカウントの人の商品をいつも買
　うわけではないですよね？　商品を買った人と買わなかった人の違
　いを考えてみてください。

④結論
　ここで、冒頭の話に帰結することで、見ている人はあなたが伝えた
ことについて納得します。
例）
　だから〜〜するには〇〇が大事なんですね。
　〜〜している人は××になってしまうんですね。
　「だから、フォロワー増やしに必死になるより「買ってくれる人」と
　出会える骨太アカウントを作っていきましょう！」など

　テンプレートに当てはめて台本を作り、撮影するとあっという間に
説得力のあるリールを作れるようになります。

簡単運用に役立つ webツール

SECTION
06

6

画像や動画を作るツールやアプリは年々新しく便利なものがリリースされています。上手に活用することで日々の発信を身軽にしていきましょう。

Instagramの投稿作成9割はCanvaでできる

みんなが投稿しているおしゃれな画像達……プロデザイナーでもないのにどうしてあんなに綺麗なのか、不思議に思ったことはありませんか？　実はInstagramユーザーの多くはCanvaというオンラインで使える無料のグラフィックツールを利用しています。

世界中のクリエイターたちが作ったデザインテンプレートの中から、自分が気に入ったものを選び、文字を入れるだけ（必要あれば画像も）でおしゃれな画像が一瞬で作れてしまうツールです。PC版とスマホアプリ版があり、好きな方で作成可能です。

Canvaはもともと、プロデザイナーではない一般層をターゲットにサービスをスタートしましたが、最近ではその機能の豊富さから、プロのデザイナーも使う方が増えてきました。直近ではプロフェッショナル向けデザインツール大手のAffinityを買収したと発表され、今後はさらに機能が増えると予想されています。

■ CanvaでInstagramのフィード投稿を作る流れ

01 事前に、フィード投稿の原稿を用意します。

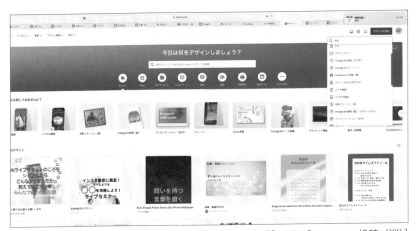

02 PC版：Canvaの画面を開き右上の［デザインを作成］から［Instagram投稿（縦）］を選択します。

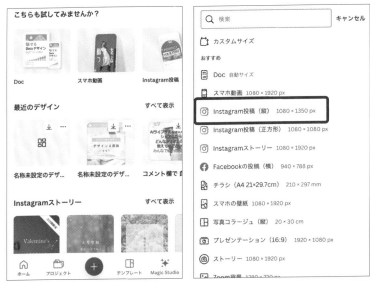

02 スマホ版：アプリを開き一番下の真ん中［＋ボタン］から［Instagram投稿（縦）］を選択します。

03 画像作成画面が開くので好きなテンプレートを選び、用意した原稿の文字を入れれば完成です。必要に応じて画像を変えたりするとさらにオリジナル性を出せます。

素材画像アルバムでストーリーズを時短しよう

　ストーリーズを作る時に、毎回画像を探すのに時間がかかってしまって、気がつけば30分以上も経っていた！　なんてこともよくあると思います。iPhoneユーザーならスマホのカメラロールの「アルバム」機能を利用すると、一気に時短になります。あらかじめ数十枚、アカウントの世界観に合う画像を、撮影したりネット上の素材サイトからダウンロードをして「画像素材」アルバムに用意しておきましょう。そして、いつもそこから画像を選ぶようにしておけば、自分の世界観を表現できる投稿を短時間で安定して届けることができるようになります。

■ iPhoneでの操作方法

　［ストーリーズを追加］→［①最近の項目］→［②事前に用意しておいた素材アルバムを選ぶ］→［③好きな画像を選ぶ］この手順で簡単におしゃれなストーリーが作れます。

※アンドロイドの場合、名称が「アルバム」「ギャラリー」「ファイル」などに変わることがあります。操作方法は機種により異なります。

①左上の［最近の項目］をタップ。

②事前に用意した画像素材アルバムを選ぶ。

③好きな画像をスピーディーにストーリーズに使えます。

リール編集はスマホアプリで

　リール編集は外注する時と内製化（自分、自社で編集）するパターンがあります。自分で編集をする場合は編集ソフトが必要です。Instagramの中にも簡単な編集機能はありますが限定されたことしかできないので、編集ソフトを別途用意しましょう。

　数年前までは複雑な編集はPCからしか行えませんでしたが、今はスマホアプリで無料でも使い勝手のよいソフトがたくさんリリースされています。以下におすすめをご紹介します。

■ CapCut

　ショート動画に使える機能が充実。音声を読み上げる機能もあるので、自分で喋るのが苦手な方でも音声入りのリールが簡単に作れる。商用利用可能になったのでさらにユーザーが増える可能性大。

■ PowerDirector

　PC並の編集機能がある編集アプリ。編集に拘りたい人におすすめ。ただし、無料版はロゴが入ってしまうので（ロゴがあるものを投稿するとリーチが伸びなくなります）使ってみて気に入れば有料版に切り替え推奨。

■ VN

　商用利用可能で感覚で操作できる編集アプリ。高画質の動画にも対応している。

■ Canva

　実は画像だけでなく動画も編集できる。おしゃれなテンプレートがたくさん用意されているので、画像作成でCanvaに慣れている方は操作しやすい可能性が高い。

時短テクニックで毎日リールを回す

効果的なことはわかっている。それでも企画、台本作り、撮影、編集、投稿とステップの多いリールは毎日投稿は本当に大変……。ですが、1つ1つ時短になる工夫をすれば少ない労力でリールを毎日投稿できるようにできます。

弊社で運営しているInstagram集客講座にて、「6つのプロジェクトと並行させながら毎日リールを100日以上余裕で回し続けた」伝説を持っている、共同運営講師の南辻ともえさんのメソッドをご紹介します。

■ 台本は毎回ゼロから作らない！

テンプレートを数パターン決めてそこに当てはめて時短。リール戦略でも先述したように構成はテンプレートがあると作りやすくなります。まずは本書に載っているテンプレを使い倒し、最終的にはいくつかのテンプレパターンで回せるようになると、台本作りが楽になります。

■ 隙間時間ですぐ撮影ができるように！

撮影のカメラやスマホをいちいち用意することがハードルを上げてしまうので、機材は基本的に出しっぱなし、少しでも時間ができたらすぐに取れるようにスタンバイしておくと、少し時間が空いた時にサッと撮れるようになります。

■ 洋服やメークなどが面倒くさいので一回収録する時は一気にまとめ撮り！

特に女性は撮影のための身だしなみには時間がかかります。週に1度撮影日を決めて一気に撮ってしまいましょう。イメージが統一されるので、ブランディングにも有益です。

■ 編集時間を減らす！

　テロップやフォントの色や種類なども毎回選ぶことがタイムロスになりますので、使うテロップ、フォント、大きさなども全て決めて同じパターンで毎週編集をしましょう。世界観の統一にもつながります。

■ ツールの力を頼る！

　ハイスペックのスマホ、専用の照明を使って画像加工を減らせるようになると、毎回編集の時間が少しずつ短縮になります。「変えるだけ」で時短になる投資なので、ガジェットやツールへの投資は優先順位を高めにすることをおすすめします。

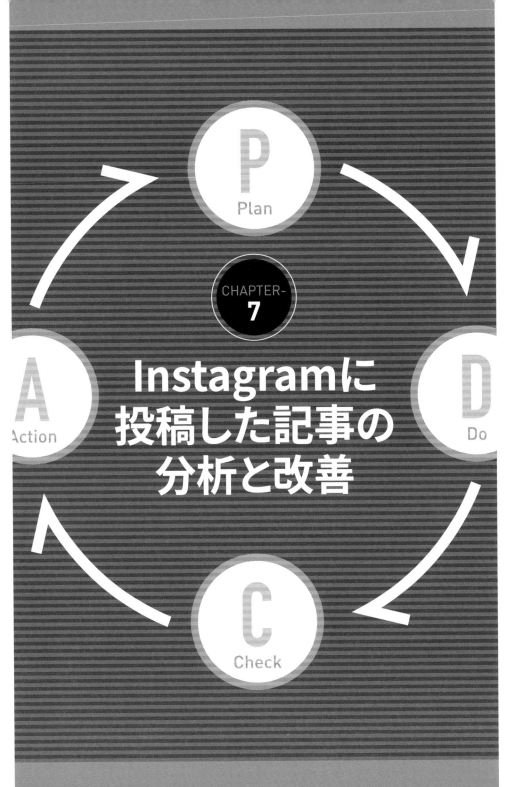

CHAPTER-
7

Instagramに
投稿した記事の
分析と改善

P
Plan

D
Do

C
Check

A
Action

7 数字を定点観測する

SECTION
01
運用がスタートしたらここからが本番です。定期的にインサイトの数字をチェックして、さらによいアカウントになるように改善していきましょう。

インサイト分析で見るべき項目は4箇所

アカウント分析のためのインサイトのポイントを、具体的にお伝えしていきます。それぞれの言葉の意味は一度知ってしまえばまったく難しくはありませんので、この説明を、一度は目を通した上でアカウントを分析ください。

投稿ごとに必ずチェックをするのは、この4つです。

- 保存数
- リーチ
- インプレッション
- プロフィールのアクティビティ

■ 保存数

投稿が保存された数になります。「保存が多い＝よい投稿」とアルゴリズム的に判断されやすく、保存数が多い投稿はリーチも伸びる傾向があります。

■ リーチ

この投稿が表示された人数を指します。そのうち、「フォロワー外リーチ」と「フォロワー内リーチ」に分けられ、バズるほどにフォロワ

一外リーチの割合が増えていきます。

■ インプレッション

　投稿が表示された回数を指します。同じ人が何度も見ていることが多い時はインプレッションがリーチよりも大幅に数字が伸び「一部の濃いユーザーが繰り返し見ている」ことを表します。さらにインプレッションがどこから発生したかによって、次の5つの分析ができます。

①発見から

　投稿がユーザーの発見欄（左下から2番目の虫眼鏡マーク）から見られた回数を指します。フォロワー外の数も含まれます。最終的には「発見欄からのインプレッションが増えている＝バズっている投稿」となりますが、そのためにはホーム率を上げる、保存数を上げるなどの取り組みが鍵になります。

②ホーム

　投稿が、フォロワーのホーム（一番左下の家のマーク）に表示された回数を指します。「フォロワー数の50％前後のホーム率」になると多くの人に見られる可能性が高まります。

例）フォロワー5,000人ならホーム率50％の2,500が目安

③ハッシュタグから

　言葉通りハッシュタグ検索からこの投稿を見られた数を指します。アカウント初期の時はハッシュタグからの流入は狙いやすく、重要な指標の1つです。

④プロフィール

　私たちのプロフィール画面からこの投稿を見た回数を指します。大

きくバズる投稿が出ると、そこから流入して前後の投稿のインプレッションが伸びる傾向にあります。

⑤その他

　上記以外（外部リンクやメンション、ストーリーズなど）から流入してきたトータルの数になります。「その他」の詳細は見ることができません。

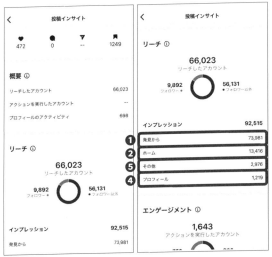

①発見からの流入数
②ホームからの流入数
④プロフィールからの流入数
⑤その他の場所からの流入数

■ プロフィールのアクティビティ

　投稿から「プロフィールに飛んでアクションをとった」全体の数字を指します。実際にアカウント運用のゴールに近い指標となりますので、この「集客に直結する数字」をしっかり追いかけましょう。さらに次の3つの項目で細かく見ることができます。

①プロフィールへのアクセス

この投稿からプロフィールに飛んだ数を指します。

②フォロー数

この投稿からフォローした人数を指します。

③ ［電話する］［メールを送信］などのボタンのタップ数

この投稿から電話やメールのアクションを実行した回数を指します。

①プロフィールに行った数
②フォローしてくれた数

リーチが増えればフォロワーは増える

アカウント運用の初期のうちは、第一目標がまず「フォロワーを増やしていくこと」になります。フォロワーを増やす近道は、今のフォロワー外にリーチが広がる投稿を、できるだけ量産していくことです。

「リーチ数」は、全ての投稿を必ずチェックしておきましょう。そし

191

て比較的リーチが伸びている投稿のインサイトをよく観察し、「リーチ」以外の数字、「保存数」「インプレッション」「プロフィールのアクティビティ」を観察してみてください。

　「伸びている投稿には一体どんな共通点があるのだろう？」そう考えていくことが、伸び続けるアカウント運用の重要な視点になります。

数日単位でフォロワーの増減は当たり前

　Instagramを運用していると、ついついみんなに見えやすい数字である「フォロワー数」ばかりに目がいってしまいます。しかし、フォロワーは数日単位でどんどんユーザーが入れ替わりますし、アカウントが育ってくると、100人単位の変動が毎日当たり前のように起こってきます。その数字を毎日追いかけるのは時間の無駄ですし精神衛生上もよくありません。

　フォロワー数はただの記号です（もちろん、その後ろに一人一人の方がいるので、来てくださる方は大切にはしますが、追いかけてはいけません）。

　それよりも、インサイトの中の数字を大切にしていきましょう。

7 リーチを増やす戦略

リーチ数は、ここからお伝えすることを総合的に取り組んだ結果、上がってくるものです。小さな改善が積もり積もって、徐々にリーチの平均が上がっていきます。

フォロワー外表示率平均50％を目指す

認知の数を増やしたい時は、リーチの中の「フォロワー外」表示率を上げることを、意識しましょう。今まで意識したことがなかった方は、直近の投稿10個の表示率をチェックしてみてください。もし、10投稿の中に50％を超えるものが1つもなかったとしたら、そのアカウントは、ほとんどフォロワーの外に露出しなくなっている為、フォロワーの数もここ最近まったく増えていない状態になってしまっている可能性が高いです（フォロー返し狙いの人は来るけれど、それ以外の人は来ない状態）。

ターゲット層の人が最高に喜んでくれる投稿を作る

では、どうすればフォロワー外表示率が増えるのか？　Instagramのアルゴリズムは、投稿された時、その投稿に興味がありそうな特定の少数のアカウントに表示され、そこで反応が良ければそれよりも人数の多いアカウント群に表示されていくという流れで拡散が進みます。

つまり、一番最初に表示された少数のアカウントが投稿を評価してくれないと、ほとんどリーチが伸びなくなってしまうのです。

では「評価」はどんな指標が大事なのでしょうか？　それは、本書でも何度もお伝えしている「保存」「いいね」「コメント」などのリアクションに加え「滞在時間」も非常に重要になります。

いきなり広いユーザー層を狙うのではなく、まずは自分のターゲットの人たちが確実に読んで反応をしてくれる投稿作りを心がけていくことがリーチを増やす最初の一歩となります。

共感記事がリーチを伸ばす

　集客のためには「共感記事」と呼ばれる、自分自身の想いや商品の誕生秘話を熱く語った「心が動く」記事は非常に効果的です。次に説明する保存数を増やす戦略では共感記事はあまり効果がありません。もしご自身がInstagramの中でよい話を聞けて「共感した」「ちょっと好きになった」として、その記事を保存したいか？　と言われると、保存は別にしなくてもよいですよね。記録に残す必要がないからです。

　ですが、共感記事は記憶には残ります。そして保存以外の「いいね」「コメント」「シェア」「滞在時間」のエンゲージメントが高まる効果があるので、保存されていなくても、「リーチが伸びる記事」になっていきます。

保存数を増やす戦略

SECTION
03

投稿のエンゲージメントを高める時に効果が高いのが「保存数を増やす」ことです。保存される投稿作りのための「要素」を見つけていきましょう。

有益性の強い保存したくなる投稿を作る

　あなたは「保存」機能を使ったことはありますか？　もし、まだ使ったことがないとしたら、とても便利なのでぜひ試してみてください。実際にユーザーと同じように行動をしてみると「どんな投稿を思わず保存したくなるのか」という心理がわかるようになってきます。

　もし、過去すでに保存している投稿があるとしたら、どんな投稿を保存しているのか、なぜ保存したのか、要因を考えてみてください。

　保存が伸びている多くの投稿に共通するのは「強い有益性」があることです。

　後からでも見たい、何度も見たいと思われるものは、一般的には無料の媒体では載らないくらいの、濃い情報が載っている投稿になります。どんな工夫をすると「有益性の強い保存したくなる投稿」になるのか、事例とともに次に紹介します。

一度で覚えきれない情報量の投稿を作る

　表示された今だけでなく「後からでも見たい」「参考にしたい」と思われる物が、保存される傾向があります。しかし、有益なものでも「保存されない投稿」と「保存される投稿」の違いがあり、そこには「情報量の差」が大きくあります。投稿を見ただけで覚えておける情報量であれば保存はされません。「一度で覚えきれない」「でも覚えておき

たい」そんな投稿が保存されていきます。

例）多くのネイリストが悩む技術の
重要ポイントを解説した投稿。
保存数が伸びています。
投稿の2枚目から6枚目では具体
的な技術の解説が載っています
が、一度で覚えきれる量ではな
く、実際に練習しながら見直し
が必要な内容になっています。
7枚目には動画で実際の動きも
確認できるので、この動画を何
度も見ながら練習をする人が続
出しました。

いいね数よりも保存数が伸びています。

実際の投稿内容はこちら

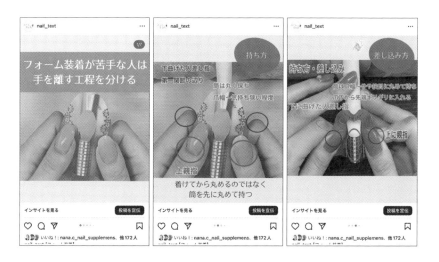

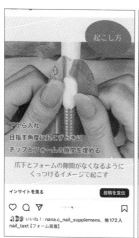 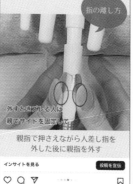 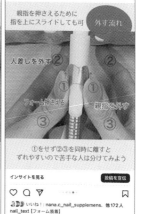

投稿にCTAを確実に入れる

　有益な情報の記事やリールに、保存のCTA（行動喚起）を強化すると、さらに保存率が高まります。Instagramユーザーの中には、保存機能を日頃は使っていない人も多くいるので「この投稿をもう一度見たい方は保存してね」と呼びかけることで、初めて気付いて行動につながる方も多いのです。

　リールの中では「右下の3つのドットから保存してね」と喋って案内するとよいですし、フィード投稿では最後の1枚の右下に「保存ボタンはこちら↓」と行動を具体的に指定することで、迷わずに保存してくれるようになります。

リーチを増やすコメント戦略

7

SECTION
04

コメント欄が盛り上がるとエンゲージメントが上がり、その投稿の評価も上がって、結果としてリーチの増加につながります。狙ってコメントを増やしていきましょう。

コメントは一日以内に必ず返す

　基本的なことですが、コメントはできる限り全て返信をしていった方がよいでしょう。コメント返信をすることでフォロワーとの信頼関係も高まりますし、私達のコメントもコメント数としてカウントされるので、5件のコメントに1つずつ返信すれば10件のコメントがつくことになります。（だからと言って、自分のコメントばかりを大量につけるのは、ブランディング的に逆効果なのでやめましょう。）

　SNSユーザーは、なるべく早めにコメントが帰ってくることを期待しています。ベストは「コメントがついて1時間以内の返信」ですが、難しい場合は「1日1回はコメント返しの時間を確保」して「1日以上は待たせない」ようにしましょう。

　ただし例外もあります。大きくバズってフォロワーが急激に増えていくと、全てにコメントを返すことが時間的に難しくなってしまいます。その時は「コメントは全てお返しできませんが大切に見させていただいています。」などのメッセージを、キャプションに追記しておけば大丈夫です。

思わずコメントをしたくなる3つの仕掛け

　コメントは自然に付くこともももちろんありますが、こちらから狙って、コメントがたくさん入るように、仕掛けることも可能です。すで

にユーザーとコミュニケーションを頻繁にとり、ユーザーとの距離感が近いアカウント運用をされている方は、コメントが多くなりやすい土台が整っていますので、さらにもう一歩、コメントを増やす仕掛けを取り入れてみてください。

■ 共感イベントで巻き込む

お祝い事ネタはコメントが非常に付きやすくなります。

例）法人化祝い、独立〇年目祝い、誕生日、フォロワー数達成祝い、メディア出演、出版、クラファン達成など。

お祝いしてもらえるイベントがある時は、必ず記事にして投稿することで、お祝いコメントをいただきましょう。

■ クイズで巻き込む

投稿の中で3択くらいのクイズを出して、コメントで番号を回答してもらう方式です。
特にリールと相性がよいので、ぜひ楽しみながら取り入れてみてください。

■ プレゼント誘導

投稿に関連あるプレゼント（PDFや動画教材、音声教材など）を配布するのに、コメント誘導を使う手法です。「この内容を知りたい方はコメント欄に〇〇と書いていただければDMでお届けします」と誘導すると、コメントがたくさん入りやすくなります。

プロフィール誘導率を上げる戦略

7

集客の決め手となる数字が「プロフィール誘導率」です。さらに、信頼関係を築いてきたユーザーを、プロフィールから外部リンクへ案内する流れを整えていきましょう。

キャプションにプロフィールへ誘導するCTAを入れる

　まず、確実に実践いただきたいことは毎回の投稿のキャプション（画像と一緒に投稿する本文）に、プロフィールへの誘導の1文とリンクを入れることです。

　まずはプロフィールに飛ぶリンクの作り方を説明します。

　@マークの後に自分の名前を打ち込むだけで候補が上がってくるので、選択するだけで作れますが、この時「@」マークの前に半角スペースを入れないと認識されないので注意してください。

例）@の前に半角のスペースを入れる　[_@1stba_sayo]

半角スペース

　入れないと上手く作れない　　　×[@1stba_sayo]

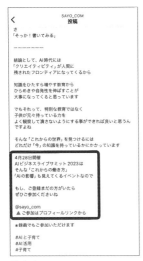

①文末にCTA　　　　　　②文頭にCTA

リーチが伸びた時の為にプロフィールを整えておく

　リールがバズり、1つの投稿で一気に数百件ものプロフィールアクセス・数百名のフォロワーが増えることがあります。

　このチャンスにフォロワー増を狙うためには、プロフィールを魅力的に整えておくことが大事です。

　本書のCHAPTER-4を参考にしてプロフィールを整えておくこと。そして最低でも半年に一度はプロフィールをブラッシュアップさせて、最新の状態に整えておいてください。

7 ストーリーズの閲覧率を上げる戦略

SECTION
06

ストーリーズを利用していないとしたら、Instagram集客の半分は損をしていると言えます。ストーリーズから生まれるコミュニケーションこそが集客の要になります。

ストーリーズの閲覧率を上げるには

　ストーリーズの閲覧率は、そのアカウントの「濃さ」の指標になります。閲覧率の平均値が高いアカウント運用を目指していくと、自然とフィード投稿やライブにも人が流れやすくなります。ストーリーズの閲覧率を上げていくには2つのポイントがあります。

- 滞在時間を伸ばす
- エンゲージメントを増やす

この2点です。

■ 滞在時間を伸ばす

　フィード投稿と同じ考え方で、手を止めてじっくり見ている＝よい投稿だと判断されるので、ストーリーズだからといって軽い情報ではなく文字数を多くしっかり語るストーリーズを上げていくと、閲覧率が高くなります。

　ただし、文字ぎっしりで読み辛いと感じられるものは読み飛ばされる可能性が高いので、文字の大きさを変えたり背景の色を変えたりストレスなく読めるよう工夫してみてください。

■ エンゲージメントを増やす

　ストーリーズにはアンケート機能やスタンプ機能など、交流を楽しめるたくさんの機能があります。これらの機能を使うことで、簡単にエンゲージメントを高めていくことが可能です。また、顧客のニーズリサーチや販売に向けた教育にも、非常に有効なものが多数ありますので、以下に紹介する5つのストーリーズの技はぜひ実践ください。

①絵文字スライダー・スタンプ

　コミュニケーションの入り口として、ユーザーが最も簡単に反応できるものになります。「今日も頑張ろう！　回答：おー！」や「〇〇について興味ある？　回答：あるー！」など、ライトにYESをもらえるツールです。このスタンプや絵文字スライダーのストーリーズを、販売告知の前に入れておくと、次のストーリーズ（本当に見て欲しいもの）の閲覧率が上がります。

　1日1回は使うくらいの気持ちで使ってみるとよい機能となります。

絵文字スライダー

後半遊ぶために
仕事頑張るぞ！！

おー！！

ハードル低く
コミュニケーションをとって
これからの反応を高める

スタンプ

今からフェスタ
開催に向けて
横浜入りします！

行ってきまーす

応援スタンプ
買えると
嬉しいな

絵文字スライダーと同じく
ハードル低く
コミュニケーションをとって
これからの反応を高める

②アンケートでYESをとる

　最大４択のアンケートを取ることができます。ニーズのざっくりしたリサーチにもなりますし、キャンペーンを打つ前にここで興味があるかどうか、アンケートを取っておくと「私はこの内容に興味がある」とYESを貰えている状態になるので、キャンペーンを始めた時に反応がよくなります。

③質問で深い関係に連れていく

　さらにリサーチしたい時や、質問イベントなどでも使えるのが「質問」機能。こちらで質問して、ユーザーが自由に書き込めます。想定外のニーズも拾えるのでよいリサーチになりますし、相手から質問をもらってストーリーズやDMで回答すればさらに信頼関係が高まります。

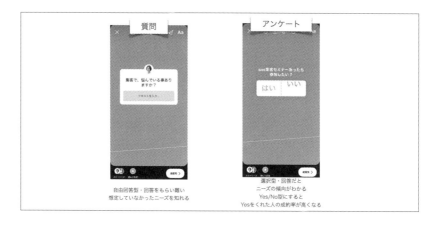

質問

集客で、悩んでいる事ありますか？

テキストを入力

自由回答型・回答をもらい難い
想定していなかったニーズを知れる

アンケート

sns集客セミナーあったら参加したい？

はい　　いいえ

選択型・回答だと
ニーズの傾向がわかる
Yes/No型にすると
Yesをくれた人の成約率が高くなる

④メンションでダイレクトに通知を飛ばす

ストーリーズは最大20人までメンションを貼ることができます。メンションをすると相手のDM欄に通知が届き、確実に見てもらえます。また、instagramは「ストーリーズに感想をつけて返し合う」文化がありますので、メンションがきっかけで、相手の方のストーリーズにも露出し、そこからの新規流入も期待できます。

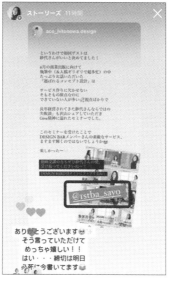

⑤リンクタグで外部誘導

　Instagramはプロフィール欄とストーリーズにしか、外部リンクを貼ることができません。なので、重要な告知はフィード投稿だけでなく、ストーリーズからも告知することで、より濃いユーザーに確実に情報を届けることができます。

ダイレクトに外部に
リンクを飛ばせる
（超重要！！）

専門家としてのポジションで語る

　ストーリーズ発信ではついつい日常のネタ、軽い話ばかりをしていませんか？　もちろんコミュニケーションを取るために、あえて軽い話題を扱うことも重要ですが、ストーリーズはあなたの実績を伝えたり、共感を得られる重要な場所です。

　ストーリーズに書いた方がよい情報をまとめてみました。このページに付箋を貼ってネタ帳代わりに見てご活用ください。

①顧客の声

②あなたがこの商品を提供している理由

③専門家から見た視点の話

④新たに投稿したフィードやリールのシェア

⑤フォロワーからのコメントやDMの紹介

⑥アカウント運用者のライフスタイル、日常の裏側

⑦おすすめの商品や人の紹介

7 アカウントの質を
上げる戦略

なんとなくできているアカウントから、さらに選ばれる一段上のアカウントになるために、1つ1つの基準値を上げましょう。そのための重要なポイントをお伝えします。

フォロー周り禁止※例外あり

フォロー周りは以下の2つの理由からおすすめはしません。

理由①アルゴリズムに悪影響

見込み客をフォローして回るのはさまざまなジャンルに興味があるというシグナルを発信することになってしまうので、アルゴリズム的には悪影響が強いのです。

例）自分はカフェアカウント。顧客ジャンルはバラバラ⇨フォローするとジャンルが乱れる。

理由②フォロー数が多すぎるとブランディング的にもマイナスイメージ

フォロワーとフォローのバランスで、フォロー数が多い場合「この人はたくさんの人をフォローしているけど、本当は人気がないんじゃないか」と思われてしまう可能性があります。人気がある演出をすることはSNSマーケティングでも非常に重要です。

※例外

自分のアカウントのジャンルのシグナルを送る目的で同ジャンルの方をフォローして回るのは問題ありません。

例）自分：ビジネスコンサルタント⇨同業の人をフォローして回るの
　　　　　　　　　　　　　　　　　はOK
　　　自分：ビジネスコンサルタント⇨顧客になりそうな別ジャンルの
　　　　　　　　　　　　　　　　　人をフォローするのはNG

ポエム禁止・常に「相手目線」

　例えば「通販で届いた商品の梱包がとても丁寧で感動した」という
メッセージだと、ただの感想で誰にとってもプラスになりません。こ
れを「通販で届いた商品の梱包がとても丁寧で感動した。私もそんな
行き届いたサービスを届けたい」というメッセージに変えると、想い
を語っていて、一見よさそうに見えます。ですが、このままではまだ、
ただのポエムで、相手にとってメリットのある言葉になっていません。

　もし、相手にとってメリットのある言葉に変えていくなら、自分の
専門性を加えて学びや気づきのある内容に着地点を変えていきます。

　「通販で届いた商品の梱包がとても丁寧で感動した。金額だけで比較
されてしまうとどんどん競争が進んで利益が目減りする。でもそれ以
外の「価値」を提供できると金額以外で選ばれるようになり、結果と
して高利益なビジネスができるようになる。私たちも他の人がやらな
い「小さな感動」をたくさん生み出していきたいですね」という形に
すると、メリットのある投稿になります。

ビジュアルレベルを1段階上げる

　次のページの画像は、実際に私の会社で運営していたアカウントで
す。思うようにエンゲージメントが伸びず、数か月で更新をストップ
させた経緯があります。

やり方同じでも 結果の出る人 でない人の違い	商品あるのに売れない… 理想の売上 叶える方法	ひとり起業で ついやって しまいがちな NG行為って？
安定したい… 選ばれ続ける ビジネスの作り方	インスタ苦手な人向け 伸びない時の 乗り越え方	商品が スルスル売れる 秘密
起業ママ必見！ もう迷わない 商品の作り方	起業したいのに やりたいことが 分かりません	副業・起業 したい方必見！ 行動できる 方法
主婦起業 失敗して よかったこと 3選	お金がなくても 起業は できる！	発信苦手でも 投稿を続ける ポイント3つ
主婦が起業して 叶ったこと 3選	売れる！ 副業 （商品の作り方） のコツ3つ	インスタから 初めて売れた 実践5ステップ

パッと見てどんな印象
ですか？

このアカウントを見て何か感じることはありませんか？

そう……垢抜けないし、よく見るデザインですよね。なぜこんなデザインにしたのかというと、リサーチをする中でモデリングしたアカウントがこういった文字だけの投稿を多く出して伸びていたので、それを取り入れてみたのです。

「文字だけ投稿」が悪いわけではありませんが、私たちの会社のサービスは憧れやワクワクする未来も大事な要素なのです。それなのに、そんな感情を全部排除して数字だけを取りにいった結果、ターゲット層とのミスマッチが起きて運用はうまくいきませんでした。

Instagramはビジュアルイメージがとても重要な媒体です。もし、ご自身のアカウントが「ダサい」状態になっているとしたら、それだけで多くの未来の顧客を取りこぼしている可能性があります。

もし、デザインに自信がないのであればインスタグラムの投稿のテンプレートをプロデザイナーに依頼して、自分の世界観を表現したオリジナルデザインを作ってもらうのもおすすめです。

押さえておきたい
集客に役立つ
Instagramの機能

8

プロフィールの質を上げる機能

Instagramは人が流れ続けるフロー型メディアです。流入して来たユーザーを取りこぼしてしまわないよう、プロフィールの情報量と質を一段上げていきましょう。

ハイライトはインスタの中のホームページ

　過去に掲載したストーリーズをまとめて、プロフィールの下に並べられる機能のことを「ハイライト」と言います。プロフィールを訪れるユーザーは「あなたのことに少し興味が出た新規ユーザー」が大半です。そのような新規ユーザーの方が知りたいと思う情報を、ホームページのように並べておくことで、安心してフォローや商品購入につながっていきます。

■ ハイライトに載せた方がよい項目

・自己紹介

　初めての方には必ず必要です。あっさりとした紹介ではなく現在の実績や成功する前の過去のことを含めて、熱く語りましょう。

・お客様の声

　過去の商品購入者からの嬉しい反響の声をまとめておくことで、購入を迷っている方の背中押しになります。

・コミュニティなどの活動報告

　コミュニティで開催したイベントや、お客様とのイベントなど「楽しさ」を感じられる投稿をまとめておくことで、興味を持っていただけます。

・商品紹介

物販の商品紹介や飲食店のメニュー、サロンや治療院のメニューを載せておくと親切です。

・商品の購入方法

買いたいと思っている方が迷わず買えるように、購入方法を具体的に写真付きで紹介すると親切です。

・こだわりや想い

このビジネスをしている想い、理念、ビジョンを熱く語った記事のまとめ紹介。読んだ方が共感をして商品購入につながりやすくなります。

・質問まとめ

今までユーザーや顧客からもらった質問の回答をまとめておくと、それを見た方は疑問がない状態で納得して商品を購入いただけます。

・アクセス（店舗系のアカウントのみ）

お店がどこにあるのかは特に気になるポイント。地図や道順を載せて来店の方が迷わないようにしましょう。

ピン留め機能でプロフィールのトップに大事な記事を固定する

フィード投稿には「ピン留め」という機能があり、今まで投稿したものを上に固定しておくことが可能です。最大3つの投稿までピン留めできるので新規ユーザーに必ず見てもらいたい重要な投稿はピン留め機能を利用しましょう。

新規ユーザーに見てもらいたい記事は必ずピン止めしましょう。

■ ピン留めにおすすめな記事

・自己紹介投稿

　アカウントを訪れた人が私達のことを知り、信頼してくれる大事な要素です。

・イベントやキャンペーンなどのお知らせ

　大事なお知らせは、その時期の間はピン留めをして確実に見てもらえるようにすると、取りこぼしにくくなります。

・過去の人気投稿

　人気投稿はファン化が進みやすいので、ピン留めしてみんなに確実に見てもらいましょう。

集客に強いプロフィール事例

■ 事例①

❶サロン専門の経理アドバイザー/マネーの早苗

❷提供商品：サロン経営者へのお金を学ぶオンラインサロン

ハイライト構成：OS（サービスやツール紹介）/受講生の声/活動
の想い/お金のギモン（質問まとめ）

提供サービスの実績や顧客の声がわかりやすくまとまっていて、
全て見るとオンラインサロンに入りたくなる構成になっている。

❸ピン留め機能を使って3つの続き画像を固定してバナーのよう
に見せている。

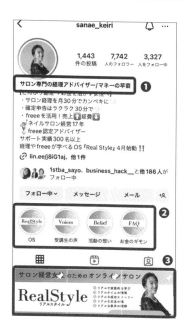

■ 事例②

❶まっちゃん|農薬も化学肥料も除草剤も使わない金ごまを作る|
余瀬（よぜ）松本梨園|栃木県大田原市
提供商品：金ごま、米、梨（農家アカウント）
❷ハイライト構成：金ごま口コミ/金ごま買い方/米クチコミ/米買
い方/梨クチコミ/梨買い方
商品数が3点と絞られているので、それぞれを買いたいと思った
時に必要な情報が全てハイライトにまとまっている。
❸ピン留め機能を使ってこちらのアカウントも3つの続き画像固
定でバナーのように見せている。

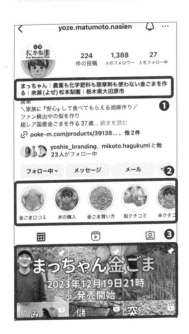

■ 事例③

❶湘南女性経営者　BEAUTYLINE代表 永田真奈
提供商品：ネイル、まつ毛サロンを他店舗経営・アカウントの目
的は人材募集
通常の集客アカウントとは言葉は違うが、サロン就職を考えてい
る人が見た時に魅力を感じる世界観で惹きつけられ、入社までの
流れや入社後のサポートが分かるようになっている。
❷ハイライト構成：仲間/求人/研修

ライブで一気に
ファン化する

Instagramライブはリアルタイムに音声と映像が配信され、フォロワーと双方向にコミュニケーションが取れる配信機能です。ライブで一気にファン化を狙いましょう。

ライブ活用3つのゴール

　ライブの配信可能時間は最大4時間ですが、アカウントによっては1時間で切れることもありますのでご注意ください。

　また、ライブ開催後は任意でアーカイブを残すこともできます。

　ライブは主に以下の3つの目的によって使い分けをします。

■ 信頼構築のためのライブ

　オファーは何もしない、もしくはリスト誘導プレゼントなどのオファーになるライブです。フォロワーが興味を持っていること、聞きたいと思っていることをライブで取り上げると効果的です。

■ 商品販売のためのライブ

　ライブを通じて顧客との信頼関係を高めた上で、商品のオファーをします。

　販売する商品は数百円から100万円以上のものまで、幅広く販売できます。

美容商材メーカーのライブ事例
製品の価値や使い方をライブで紹介
することで商品販売につなげています。

■ コラボライブでお互いのフォロワー交換

　ライブは2〜最大4名までコラボ開催をすることができます。その時、コラボをしている全員のフォロワーに通知が届きストーリー欄に表示をされるので、コラボ相手をフォローしてくれるきっかけになります。親和性の高いアカウントだと、1回のライブで百人単位でフォロワーが増えることも珍しくありません。

「PDCAを回して結果を出す！X集客運用マニュアル」著者の渡邉有優美さんと対談ライブの様子。ライブを立ち上げた人が上、ゲストが下に映ります。

ライブの告知はフィード投稿とストーリーズから

　ライブは事前告知がとても重要です。遅くても前日、大事なライブであれば1週間程度前から告知をして、期待感を高めておきましょう。

　告知は、フィード投稿とストーリーズ。そして自社のメルマガや公式LINEがある方はそちらからも案内をするとより効果的です。

ライブ告知ストーリーズの事例。

購入につながるライブ構成

　では、ライブさえしていれば商品は売れるのか？　と聞かれると、もちろんライブをただやるだけでは人は集まりませんし、残念ながら商品も売れません。視聴者の中に「私にはこれが必要だ」という確信が芽生えた時に、商品が売れていきます。

　その「欲しい」を導き出すには「話の流れ」「構成」がとても重要なので、弊社でもオファーの時には必ず構成を考え、台本をある程度作った状態でライブを実施しています。準備は必要ですが、1回のライブから60件以上もの商品購入につながったり、3日連続の企画ライブ

で2000万円近くの売上が上がったりと、その効果は絶大です。

　私の会社で一番よく使っているライブ構成のテンプレートを以下にご紹介するので、ぜひご自身のライブでも取り入れてみてください。

■ ライブ構成・1時間バージョン

①今日のライブを見るメリットベネフィット

　ライブを訪れた方にこのライブを見逃してはいけない理由を伝え、惹きつけます。

②自己紹介、実績紹介（権威性・社会的証明）

　自分の実績やチームの実績を伝えることで視聴者に「聞く姿勢」になってもらいます。謙遜はしてはいけません。

③問題提起（顧客の課題の言語化）

　今、顧客はどんな課題を持っているのか、問題提起をすることで「私に必要なことだ」と感じてもらいます。

④理想の未来（顧客の理想の言語化）

　課題をクリアしてどんな状態になりたいのかを伝えることで「欲しい」「そうなりたい」と内なるニーズに気付いてもらいます。

⑤どうすればそこに行けるのか

　理想の未来を手に入れる方法の中で最も重要なことを伝えます。

⑥具体的なステップ

　理想の未来に行くために⑤で伝えたことを少し具体的に伝えます。

⑦そこに行くためには私たちの商品が必要という教育

　この商品がないと理想は手に入らない理由を伝えます。

⑧オファーの許可をもらう（YESをとる）

「この後商品の具体的な説明してもよいですか？」など事前に聞くことで「売られた」意識ではなく「自分の意志で聞く」状態に整えます。

⑨オファー

商品の具体的な内容を伝え、迷わず購入できるまでの流れも説明します。

ライブの最後は感謝で締めましょう。

文字を見るだけだとわかりにくいかもしれません。実際に話の流れを見たい方は私のアカウント（@1stba_sayo）に、過去のライブのアーカイブが残っていますので、ぜひこの構成と照らし合わせながら観察してみてください。

攻めの「DM」で こちらからアプローチ

InstagramをメインSNSとして使っているユーザーは、LINEよりもInstagramDMをメインのチャットツールとして使っています。私たちもそこに飛び込んでいきましょう。

コメント・DMでこちらからも「攻め」る

Instagram運用の基本は、まずは良質なフィード投稿をすることで「コメントしてもらえる」「DMを送ってもらえる」アカウントを育てていくことが大事です。ですが、もちろんこちらから送ってはいけないわけではありません。アカウント初期のうちや、運用に苦戦してエンゲージメントが落ちてしまっているアカウントは、特にコメントとDMを積極的に送っていくことで、動きのある濃いアカウントに育てる土台が作れます。積極的に送っていきましょう。

積極的なDMでエンゲージメントが復活する

運用しているアカウントのエンゲージメントが落ちてしまっている時は、フィード投稿、毎日のストーリーズ運用に加え、DMをいつもより多くの方に送ることを意識して運用をしていくと、早期にエンゲージメントが復活していきます。1日10人以上にDMのやり取りを1ヶ月続けると、ストーリーズの閲覧率も目に見えて平均の数字が上がっていくので、ぜひ取り入れてみてください。

ただし、ポイントは「双方向のやり取り」が発生するようなDMを送ること。

時々、誰にでも同じようなDMを送っているんだろうな、と分かってしまうようなDMが届くことがありますよね。自分のためのDMは嬉し

いものですが、コピペで送られたDMは迷惑だと感じる人の方が多いでしょう。あまりにも内容の薄いコピペDMは逆効果になってしまいますので、注意して運用してください。

ストーリーズ→DMで信頼を最大化

とは言え、いきなりこちらからDMを送りつけるのは不自然ですし売り込みの匂いがしてしまいます。不自然にならないおすすめなDMの送り方は、ストーリーズで最初の反応をもらってからDMにつなげるパターンです。簡単にできる上、リサーチにもなるのでおすすめです。

■ ストーリーズからDMで交流をしていく流れ

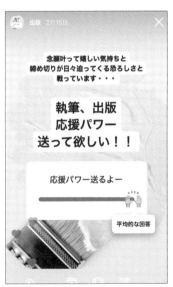

01 ストーリーズでアンケートや絵文字スライダーなどで反応をもらいます。

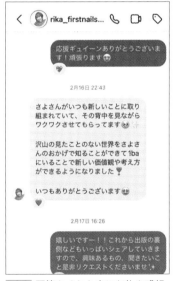

02 回答をくれた方にお礼や感想、フィードバックのメッセージを送ります。

03 お返事が来て、やり取りが続いていくこともあります。

8

SECTION
04

広告でできること

自分で毎日投稿を作ることだけがInstagram集客ではありません。広告の力を使うことで、さらに時間をショートカットして集客ができるようになります。

広告を使うことで集客を加速できる

　私たちが見ているInstagramのタイムラインやストーリーズにはたくさんの広告が流れてきます。「広告はもっと大きな会社がやるもの」「広告は難しい」と思っていませんか？　実は私たちもスマホ1つで簡単に広告を出稿できるのです。ここではInstagram広告の基礎知識をお伝えしていきます。

■ Instagram広告を出すことで得られるメリット

- アカウント運用の初期、リーチが増えにくい時の初速をつける為に使える。
- イベントの告知でフォロワー外にもリーチを広げられる。
- 投稿しているだけでは届かない人に投稿を届けることで認知が増えファンが増える。
- とにかく楽！　毎日投稿コツコツも大事だけれど、1つの投稿にお金を出して認知を広げることで時間を他のことに使える。
- 投稿を毎日するよりも急速に拡大できる。
- 潜在顧客ではなく、既にニーズを持っている顕在顧客に届く。
- お問い合わせやコメント、商品購入につながりやすい。

2つの広告の出し方

Instagram広告は2パターンの広告の出し方があります。

①Instagramの投稿から広告にする。
②Meta Business Suiteを使って運用する。

それぞれの特徴についてまとめていきます。

■ ①Instagramの投稿から広告にする

今既に書いた記事をそのまま広告に使えるので、特別な画像を用意する必要もなく出稿がとても簡単なことが何よりの特徴です。広告を出したことがない方でも、迷いなく操作ができるシンプルな画面なので、専門家に依頼せず自分で広告を出したい方にはおすすめです。

ただし、ターゲティング設定では選べないものも多く、分析画面でも見れないデータがあるなど、戦略的な分析には向きません。広告費を多くかけるキャンペーンなどでは無駄が多くなってしまうので、その場合は②Meta Business Suiteを利用する形をおすすめします。

■ ②Meta Business Suiteを使って運用する

InstagramのアカウントとFacebookと連動させ、広告運用の専用ツール「ビジネスマネージャー」でアカウントを作り、詳細なターゲティング設定の元で運用していきます。ターゲット設定を細かく指定できること。出稿期間を選べたり、広告を出さない除外対象を作れるなど、かなり詳細な分析と指定が可能になります。

そのため、広告費用を多くかけ、確実に集客を目指すキャンペーンの場合は、こちらのMeta Business Suiteを使ったビジネスマネージャーからの運用がおすすめです。

Instagramの投稿から広告を出稿する流れ

01 広告を出したい投稿の右下にある「投稿を宣伝」をタップします。

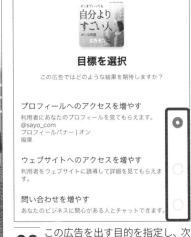

02 この広告を出す目的を指定し、次へをタップします。

※Meta Business Suiteからだと6個の目的から選べますが、投稿の宣伝の場合は3つの中から選びます。

03 「オーディエンスを設定」で広告をどんな属性の人に出していくのかを選べます。難しい場合は「自動」に設定しておくと、このアカウントの現在のフォロワーに類似した人たちに設定してくれます。

04 「特別な要件」をタップするとカテゴリが表示されますが、特に該当しない場合は選択する必要はありません。

05 カスタムオーディエンスを作成を
タップすると、地域、興味・関
心、年齢と性別を指定できます。
自分の商品に該当するターゲット
像を設定しましょう。設定が終わ
ると画面の上に対象の分母数が
表示され、ラインの下に目的に対
してちょうどよい絞り具合になっ
ているかが表示されます。「非常
によい」という文言になるよう調
整しましょう。

06 完了を押して元の画面に戻ると、
先ほどの内容が反映されていま
す。次へをタップします。

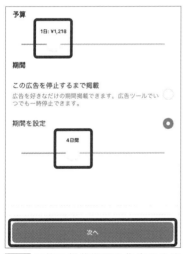

07 予算と掲載期間を指定できま
す。最小304円、1日から出せま
すが、最低でも1日1000円以上に
なるように設定しましょう。「期
間を設定」で広告を出稿する期間
を選べます。選んだら「次へ」を
タップします。

08 最後の確認画面で内容を確認し
ます。内容に問題なければ画面
下部の「投稿を宣伝」をタップす
ると審査に入ります。

審査は早ければ1〜2時間くらいで完了することが多いですが、審査が厳しい時期やジャンルによっては2日ほどかかる場合もあります。また、新しいアカウントだと審査に時間がかかりやすい傾向があるので、初めての広告出稿の時は期日にゆとりを持って試してみてください。

広告は必ずテストをする

出した広告はその広告がどんな結果になっているのかデータを見ることができます。

実際に3日くらい低予算で軽く出してみて、このまま残りの予算を投下してよいかを確認するテストをしてみましょう。もし、最初に出した広告の結果が悪ければ、その広告はストップした方がよい。という考え方です。

例えば、今回の広告の目的を「ランディングページ（以下LP）に行

ってもらい、そこからリスト登録してもらうこと」とします。LPからのリスト登録率を15%だとすると、15件のリストを獲得するには100件のLPへのアクセスが必要になります。

　もし、リスト獲得を1件2000円で獲得したい。最終獲得数を300件と考えると予算は300件×2000円で600,000円となります。

　ここで、最初にテストとして30,000円で回した時、試算通りであれば15件のリストが獲得できて、LPには100件のアクセスが集まっている状態になっているはずです。この予測数値から大きく獲得数が下回っている場合は、このまま広告を回し続けると非常に危険ですよね。逆に少ない予算で大量にリストを獲得できた時はそのまま回した方が絶対によい、ということになります。

　そして、Instagram広告はある程度の予算を投入してデータを集めた方が機械学習を進み、より最適化されていくので低予算ではなく月10万円〜をかけて投下していくことで、その後の成果が上がりやすくなります。

　広告運用をさらに専門的に学び実践されたい方は本書のシリーズ本である「PDCAを回して結果を出す！　Meta広告集客・運用マニュアル　西村純志・著」をご利用ください。

8
PC・タブレットから 利用で運用効率を上げる

あまり知られていませんが、実はInstagramはPC（パソコン）から操作をすることができます。上手に使い分けることでさらに効率的な運用が可能です。

PCから操作をするとなぜ効率的なのか

PCからはブラウザを立ち上げてInstagramにログインすることで、操作ができるようになります。Instagramはスマホアプリからスタートしたメディアですが、近年PCでできる機能も充実しとても使いやすくなっています。

機能面ではスマホの方が充実していますが

- 大きな画面で操作できる
- canvaなどのアプリで作ったものをすぐに投稿できる
- 文字を大量に打ち込む時はキーボード入力の方が早い

などの理由で、PCを使った方がよい、というユーザーも増えてきています。

特に、リサーチの時はPCの方が圧倒的に効率がよくなります。ブラウザでInstagramとリサーチ結果を入力する用のGoogleスプレッドシート（エクセルでも可）を同時に立ち上げて、コピーペーストを繰り返していくだけで、スマホの何倍もの速さでリサーチをしていくことができます。

PCから操作する2種類の方法

　Instagramを PCから操作したいと思ったら、2つの方法でPCから選択できます。

①PCのブラウザからInstagramにログインをして操作する
②PCからMeta Business Suiteを立ち上げて操作する

　①は今すぐ誰にでもできますが、②はMeta Business Suiteの立ち上げやFacebookグループの立ち上げと連携など何段階か準備が必要です。

ブラウザのInstagramからできること
- コメント、DMのやり取り
- フィード投稿、リール投稿
- ライブ配信

ブラウザのInstagramおすすめの使い方
- リサーチ
- コメントやDMなどたくさん文字のやり取りをする時

ブラウザのInstagramからできないこと
- ストーリーズ運用
- インサイトの閲覧

Meta Business Suiteからできること
- フィード投稿、リール投稿
- 予約投稿
- ストーリーズ投稿

- ストーリーズの予約投稿
- 過去投稿のテキスト編集
- 詳細なターゲティングの広告出稿
- インサイト分析

Meta Business Suiteおすすめの使い方
- 複数人でInstagramを運用する時
- 計画的なアカウント運用をしたい時
- 1週間に1回などでまとめて投稿をしておきたい時。スマホアプリからもできないストーリーズの予約機能がある点が大きな特徴です。

※Instagramの機能はアップデートが頻繁に行われるため、最新の情報を随時ご確認ください。

　今までスマホからしかInstagramを使ったことがない方は、ぜひ一度でもPCブラウザからInstagramを使ってみてください。特に、たくさんのアカウントのリサーチをしたい日やたくさんコメントやDMを書くときは、PCからの方が圧倒的に時間効率がよくなります。

　もし、チームでInstagramを運用している方は、実質的にMeta Business Suite一択になります。スマホからだと同時にログインすると、アカウントが制限される可能性もありますし、一気に記事を作り溜めて予約投稿をしていくことで、さらに効率的な運用が可能になります。

8

集客に役立つ裏技

最後に裏技を紹介します。8年間で7アカウント以上を運用し、400以上のアカウントのサポートをしてきた中で工夫しながら培ってきたノウハウ、ぜひお役立てください。

販促キャンペーンで落ちたエンゲージメントを復活させる

コツコツと運用すると徐々に信頼度が高まっていきますが、販促キャンペーンをすると、エンゲージメントが落ちることがよくあります。伸びる投稿と集客につながる投稿は違うので、どうしても販売のための教育記事やオファー記事は、普段の10分の1以下のエンゲージメントになることも珍しくありません。

フォロワーの中には「アカウントが面白いから見ていた」「無料で勉強になるから見ていた」という属性の人の方が多く、販促キャンペーンをすると「お金を払うほどは興味がない」「売られたくなかった」属性の人たちが離れていったり、「興味はあるけれど、迷って買わなかった」という人たちも離れていくことが起きます。

物販系など、「日頃から販売していることが当たり前」の運用スタイルのアカウント以外は、販促キャンペーンでエンゲージメントが落ちた後、無策でいるとしばらくエンゲージメントが下がったままになってしまいます。

エンゲージメントを復活させるには、まずはキャンペーン前の通常の運用スタイルに戻して信頼残高を積み上げ直しましょう。戻りが悪い時は投稿頻度を上げたり（2日に1回だったら、毎日投稿に変えるなど）価値提供だけに振り切ったライブをするとエンゲージメントが戻ってきます。ストーリーズで反応をとってDMをなるべく多くの方とや

り取りするのも効果的です。（日頃からされている方は、量を増やしましょう。）一通り実践すれば1ヶ月もすればエンゲージメントが戻ります。

販促キャンペーンのための特設アカウントで成約率を上げる

販促キャンペーンを実施する時には「いつもとは違う特別感」の演出が重要になります。その時、あえていつものアカウントではなく「イベント専用の特設アカウント」を開設し、アカウント設定を「公開」ではなく「限定公開」（フォロワーになった人だけが見れる）にしておくことで、クローズドな特別な空間を演出できます。

例）販促キャンペーンのため3日間連続ライブを特設アカウントで開催した時のもの。

わざわざ限定アカウントをフォローしに来る人＝「この内容に興味がある」と手を上げてもらっているような状態なので、ライブを実施した時の視聴数もいつもより多く集まる傾向があります。また、まだ

そこまでは私達の商品に関心のないライトな層に対しては無駄なセールスをせずに済むので、育てているアカウントのエンゲージメントも落ちません。

販促キャンペーン記事は後から「なかったこと」に

　販促キャンペーンの記事はどうしてもエンゲージメントが落ちますし、アカウントに「売り込み感」が出てしまって、世界観も崩れてしまいます。なのでキャンペーンが終わったら、販促用の記事は全て削除するか、またはアーカイブにしておきましょう。

　「削除」を選ぶと記事のデータもコメントも全て消えます。「アーカイブ」を選ぶと記事やデータは残っても、ユーザーからは見れない状態になります。分析や今後の記録のために残しておきたい時は「アーカイブ」を選びましょう。

■ おわりに

　最後までお読みいただきありがとうございました。この本を書くことが決まってから私自身もInstagramについてさらに学び直し、多くのInstagram書籍を読みまくりました。素晴らしい専門書がたくさんあったのですが、たくさんの本を手に取る中で1つのことに気がつきました。

　それは「集客を本気で伝えている本はほとんどない」ということです。フォロワーを増やしたいだけなら、すでにたくさんのノウハウが語り尽くされています。でも正直、フォロワーを増やすことにコミットするよりも、フォロワーが少なくても「自社商品が売れる」アカウントになった方が、圧倒的に時間も利益も効率がよいのです。

　多くの人はそこに気がつかず、華やかな数字や見た目を追い求めています。でも、私達が求めていることは、華やかに目立つことより実益です。

　私の本職はビジネスを通じて相手の方の人生をよりよい方向に変えていくこと。

　何より、その方自身の意志と力で未来を選び力強く歩いていっていただける人になってほしいとの想いで日々さまざまなビジネスサポートを提供しています。

　だから、この本はInstagramを通じてみなさまの「人生を変える」本になりたい。その為には「この本一冊で本当に集客ができるようになる」ことが重要です。ただ勉強になる本ではない。ただインスタの運用方法が分かる本ではない。その一歩先に「望む通りの顧客を望んだ時に集客できるようになる」ことを目的に日頃数ヶ月間かけて講座で伝えていることを濃く書かせていただきました。

　もしかすると1度読むだけでは難しいところもあったかもしれません。（特にCHAPTER-5とか）ですが、ぜひ付箋を貼ってメモを書いて

何度も何度も読み返してこの本を使い倒していただきたいと思います。そうすれば「本当に集客が叶う」メソッドを全て詰め込んだつもりです。

この本を通じ、みなさまの人生がより輝くものになりますように。心からお祈り申し上げます。

最後になりますが、本書の制作にあたり本当に多くの方のお力をお借りしました。

自身の積み上げたメソッドを惜しみなく提供くださった南辻ともえさん。

自身の本職であるMeta広告運用の監修をしてくださったつるはらひとみさん。

より効率よくPCから運用するメソッドを提供くださったおだゆきえさん。

ストーリーズ運用の神様、野田明日香さん。

最高のアカウント運用の事例とノウハウをシェアしてくださった芳賀早苗さん。

ずっと応援チームを率いて私が集中できる環境を作ってくださった松本千晶さん。

本企画を提供くださった出版チームのみなさま。

他にも、ここで書ききれないくらいの多くのみなさまの力でこの本は出来上がりました。正直、「私が書いた」というよりも「みんなの力の結晶」くらいの感覚です。

みなさまに支えられて苦しくも幸せな、とても楽しい執筆期間でした。ご協力いただいた方も、本書を手にとっていただいた方も。ご縁をいただいた全てのみなさまに心からお礼申し上げます。

田中紗代

著者紹介

田中 紗代（たなか さよ）

NS-PROJECT株式会社代表取締役

これまで延べ6000名を超える方々のビジネスサポート、美容サロン業、講座、コーチング、コンテンツビジネス業の起業家、経営者人生を変えるビジネス手法を提供している。運営するSNSの総フォロワーは13万人を超え、ただフォロワーを増やすのではなく信頼を獲得しながら確実に集客につながる「信頼マーケティング」を得意としている。

ミッションは「世界を1ミリ良くする」元ネイリスト・世界4カ国ネイルチャンピオン。ビジネスコミュニティの他オンラインネイルスクール、SDGsコミュニティなど多角的な事業を運営している。

また、起業家に向けた大型オンラインイベントも主催。過去の主催イベントでは起業家のためのInstagramファンマーケティングフェスタ2022を1600名動員。個人経営者のためのAIビジネスライブサミット2023では2200名動員している。

執筆協力●つるはらひとみ、おだゆきえ、南辻ともえ、芳賀早苗
編集協力●岩井陽子、山田稔

PDCAを回して結果を出す！
Instagram集客・運用マニュアル

2024年6月26日　初版第一刷発行

著　者	田中 紗代
発行者	宮下 晴樹
発　行	つた書房株式会社
	〒101-0025　東京都千代田区神田佐久間町3-21-5　ヒガシカンダビル3F
	TEL. 03（6868）4254
発　売	株式会社三省堂書店/創英社
	〒101-0051　東京都千代田区神田神保町1-1
	TEL. 03（3291）2295
印刷／製本	シナノ印刷株式会社

©Sayo Tanaka 2024,Printed in Japan
ISBN978-4-905084-74-7